丙辉漫谈

哲思小语

路丙辉◎著

高校思想政治理论课『思想道德与法治』教学创新与实践详案丛书

安徽师范大学出版社
ANHUI NORMAL UNIVERSITY PRESS
·芜湖·

图书在版编目(CIP)数据

丙辉漫谈.哲思小语 / 路丙辉著.— 芜湖：安徽师范大学出版社，2022.9(2023.3重印)
(高校思想政治理论课"思想道德与法治"教学创新与实践详案丛书 / 路丙辉总主编)
ISBN 978-7-5676-5618-5

Ⅰ.①丙… Ⅱ.①路… Ⅲ.①高等学校－思想政治教育－中国－文集 Ⅳ.①G641-53

中国版本图书馆CIP数据核字(2022)第046440号

丙辉漫谈·哲思小语 路丙辉◎著
BINGHUI MANTAN ZHESI XIAOYU

责任编辑：刘　翠　　责任校对：丁　立
装帧设计：王晴晴　汤彬彬　　责任印制：桑国磊
出版发行：安徽师范大学出版社
芜湖市北京东路1号安徽师范大学赭山校区
网　　址：http://www.ahnupress.com/
发 行 部：0553-3883578　5910327　5910310(传真)
印　　刷：江苏凤凰数码印务有限公司
版　　次：2022年9月第1版
印　　次：2023年3月第2次印刷
规　　格：700 mm × 1000 mm　1/16
印　　张：11
字　　数：142千字
书　　号：ISBN 978-7-5676-5618-5
定　　价：38.50元

本套丛书是以下项目的阶段性成果

1. 全国高校思政课建设项目:全国高校思政课名师工作室(安徽师范大学)(项目批准号:21SZJS34010370)

2. 教育部高校思政工作队伍培训研修中心专项

3. 安徽省高峰学科(马克思主义理论)建设计划项目

4. 2019年安徽省质量工程立项虚拟仿真实验教学项目“皖南红色文化虚拟仿真实训中心”(项目编号:2019xfxm30)

5. 2020年安徽省“三全育人”试点省建设暨高校思想政治工作能力提升项目:思想政治理论课教学科研团队择优支持项目“思想政治理论课考试考核办法研究”(项目编号:sztsjh-2020-7-1)

6. 2020年校级本科公共课程“《思想道德修养与法律基础》一流本科课程项目”

总　序

习近平总书记在2019年学校思想政治理论课教师座谈会上指出："思政课是落实立德树人根本任务的关键课程，思政课作用不可替代，思政课教师队伍责任重大。"①从讲话的全文看，总书记指出思政课教师要落实这个"关键"作用，应主要在两个方面下功夫，一是提升思政课教师的素养要做到"六要"，一是推动思政课改革创新，要做到八个"统一"。其中，总书记在讲到要"坚持统一性和多样性相统一"时，特别强调，"思政课教师在教学中要把统编教材作为依据，确保教学的规范性、科学性、权威性，同时也不能简单照本宣科。教材给出的是教学的基本结论和简要论述，要让不同类型的学生都爱听爱学、听懂学会，需要做很多创造性工作。要在教学过程中进行多样化探索，通过多种方式实现教学目标。"②这一重要论述对于我们思政课一线教师在创新教案和编撰教辅材料方面具有十分重要的指导价值。

2019年以来，中共中央办公厅、国务院办公厅、教育部连续下发了

---

① 习近平．论党的宣传工作[M]．北京：中央文献出版社，2020：373.

② 习近平．论党的宣传工作[M]．北京：中央文献出版社，2020：385.

《关于深化新时代学校思想政治理论课改革创新的若干意见》等一系列旨在提升学校思想政治教育实效性的文件，打出了政策落地见效的“组合拳”，为高校思想政治理论课建设一流课程提供了优越的条件，在宏观层面为青年大学生“摆上一桌可口的饭菜”做足了准备。但是，毋庸讳言，在实际工作中，教师们端上的精品“饭菜”，学生有没有胃口，是否愿意吃，能否在提高思想政治教育针对性、实效性等方面真正起到作用，却并不是文件本身决定的，在一定程度上，还要看教师在落实文件的过程中，是否高度关注并在实践中扫除了学生思想上的“小障碍”。

一

从“精品课程”建设到“一流课程”建设，高校思想政治教育工作一是在教材的理论深度上用功，二是在教学的实践强度上用力，产出了一大批成果。但从这些成果看，学者研究了教材，研究了教法，研究了理论本身的逻辑性、系统性、科学性，却少有人关注青年大学生的思想实际需要。客观而言，这仿佛是一个无奈的选择。一方面，不关注理论研究，教给学生的理论得不到应有的发展，显然是不合适的。另一方面，不将这种“思想实际需要”给以理论的研究和指导，而只迎合或关注学生的思想实际需要本身，又可能逐步降低教师的理论水平。因此，无奈选择的结果是，学生思想实际的需要不得不让渡给教学和研究的理论演绎。事实上，这种现象并非无人关注，正如一些学者所言，影响思想政治教育实效性的因素很多，在一些地方，形式主义、脱离实际，再加上理论研究不够深入，“唯书、唯上、不唯实”，使得思想政治教育的基础脱离现实，这应该是思想政治教育实践过程中所遭遇的突出问题和实效性困境。

学生的思想实际需要是什么？我们认为，就是学生关心的与他们的现实生活学习紧密关联的利益追求。因为“人类奋斗所争取的一切，都与他们的利益有关”。在我们从国家层面讨论和实践“为谁培养人”的时候，学生首先关注的还是他们的切身利益问题，之后才会配合我们成为国家和社会需要的人。正如马克思所言，“人们首先必须吃、喝、住、穿，然后才能从事政治、科学、艺术、宗教等等”①。又说，“‘思想’一旦离开‘利益’，就一定会使自己出丑”②。因此，关注学生的思想实际需要，应成为思想政治理论课教师的行为自觉。不能主观地认为，我们用心做出来的“饭菜”，他们“应该”都需要。

在现实生活实践中，正是因为一些思想实际需要没有得到及时应有的解决，往往成为学生思想上的“小障碍”。言其“小”，一是因为这些实际需要作为一个“问题”对于教师而言，要回答的内容并不多。比如，如何与宿舍的同学处理好人际关系？失恋了怎么办？等等。二是因为这些实际需要作为一个“困难”对于教师而言，要解决的难度并不大。比如，如何做好大学课堂的笔记？如何跟上老师讲课的节奏？言其是“障碍”，是因为这些“问题”或“困难”，对于教师来说可能很容易处理，但对于一些青年学生来说，却并不是我们想象得那么“容易”。由于思维方式和实践能力的局限，这些“问题”或“困难”可能就成为他们向前走的“绊脚石”。因此，所谓学生思想上的“小障碍”，就是指那些因思想实际需要没有得到及时解决而导致学生思想认识出现偏差的“问题”或“困难”。事实证明，这些“小障碍”如果不能得到及时的解决，可能就成为思想政治教育难起实效的“大阻碍”。毛泽东曾说过，“对于广大

① 马克思，恩格斯．马克思恩格斯选集：第三卷［M］．北京：人民出版社，1995：776.
② 马克思，恩格斯．马克思恩格斯文集：第一卷［M］．北京：人民出版社，2009：286.

群众的切身利益问题，群众的生活问题，就一点也不能疏忽，一点也不能看轻。”[①]“一切群众的实际生活问题，都是我们应当注意的问题。”[②]习近平进一步指出：“要抓住人民最关心最直接最现实的利益问题，把人民群众的小事当作我们的大事，从人民群众关心的事情做起，从让人民满意的事情抓起。”[③]因此，思想政治教育在关注宏观方向性问题的时候，一点也不能忽视学生的思想实际需要，甚至要在教学实践中花费一定的时间，专门关注学生思想上的“小障碍”。从教学实践来看，大凡教学实效性抓得比较好的学校或个人，无不在相关方面下过扎实的功夫。他们对于学生思想上的“小障碍”都有比较准确的认识和把握。

具体而言，学生思想上的“小障碍”在内容上主要关涉两个方面。一是与学习生活相关的方面，即围绕专业学习可能产生的一系列问题。其中，专业学习适应问题尤为突出。在内容上，从中学的基础性——什么都学一点，到大学的专业性——专门围绕某一学科设置专业基础课，学习的广度和深度发生了重大变化。在方法上，从中学的严格型要求到大学的宽松型要求，是一次重大的转变。一些学生很难适应这种变化，大到上课根本听不懂，小到下课不知如何跟进教师的教学进度，诸如此类的问题常常让一些学生手足无措，十分茫然。一些学校安排的专业学习指导，大多是在面上以经验介绍的方式给以引导，但针对性并不强。专业学习看似与思想政治教育一点关系也没有，但从结果看，学生因为学习困难而导致思想认识陷入误区，以致行为失范的现象时有发生，这

① 中共中央文献研究室.毛泽东 邓小平 江泽民论党的建设[M].北京：中央文献出版社，1998：20.

② 中共中央文献研究室.毛泽东 邓小平 江泽民论党的建设[M].北京：中央文献出版社，1998：21.

③ 习近平.习近平谈治国理政：第三卷[M].北京：外文出版社，2020：135.

在根本的意义上，就是思想政治教育的问题。从表象上看，学生可能认为，“我的思想没有问题，而我的专业学习有问题”。所以，他们在上思想政治理论课的时候，有紧张地做作业、看与其他专业相关的书等不当现象。他们之所以忽视老师的存在，是因为他们要用自己的方法解决自己的问题。显然，这恰恰就是思想政治教育者的工作。二是与成长环境有关的方面，即个体成长的过程中与周边环境可能产生的一系列问题。其中人际关系问题十分常见。由于学生在过去的生活经历中大多数时间专注于文化课的学习，缺少人际交往，甚至一些家长为了保证学习时间，不让自己的孩子有正常的人际交往，从而导致一些学生不懂得如何与异性交往，如何与意见不一的人交流，如何在宿舍中营造和谐人际关系，如何与辅导员或专业教师相处，等等，在社会上看来司空见惯的基本生存技能，在一些青年大学生那里可能是难题。这些都应引起我们的注意。

从具体表现上看，学生思想上的“小障碍”具有两个主要特征。一是障碍的内容具有普遍性。由于青年学生在中小学接受的教育、成长的环境、家庭教育的状态多是大同小异，所以，学生走进大学后遇到的思想上的“小障碍”，多数情况下具有内容的相似性和存在状态的广泛性等特征。虽然每个人的问题都不同，问题提出的表达方式不同，但通过一段时间的积累就会发现，学生的这些思想障碍并非个性化的存在，而是有一定的规律可循。二是障碍的发生具有随机性。因为不同的境遇和不同的生活实践，学生思想上的“小障碍”会在什么时候发生，并没有一个固定的时间和确定的内容。有时候教师主动关心学生，询问学生有没有什么问题或困难需要教师提供帮助时，学生可能都说没有。但在另一个时间里，学生又突然冒出来很多问题。独立地审视这些“小障碍”，并没有什么特别清晰的规律。一般情况下，我们只能在一个相对的时间段，预判可能会有一个问题群，但具体到某一个问题以及会在什么时候出现，不同的学生又是不同的。

二

思想政治教育工作强调的针对性，不言而喻是指教育的内容和方法要针对学生的思想实际需要。但从思想政治教育实效性还没有达到理想状态的现实看，我们的针对性还不够精准。我们用力的“针”并没有对准学生需要的“穴”。宏观而言，我们的针对性主要关涉学生的成长需要和理论学习的需要。作为主体的学生是否意识到这种需要，是否将思想政治教育工作者用心准备的内容当作自己的需要，并没有得到教育者们应有的关注。一般而言，学生走进课堂，认真学习是天经地义的，可以说，从他们第一天走进教室就开始如此了。一些教师想到的只是他们的接受程度，而很少想到他们是否愿意接受。一些教师把凡是不愿意努力或表现不好的学生都一概而论地认为是学生学习不认真，对其态度多是严肃批评。这在客观上导致了一些教师很少意识到坐在我们面前的学生是有思想、有情绪、有主观能动性的人。事实上，学生从小学到大学，走进课堂时无不带着自己丰富多彩的思想。在这些多彩的思想情绪中，难免会有一些因素导致他们的学习态度出现问题。因此，不扫清这些思想实际中的“小障碍”，思想政治教育的课堂想真切地提升实效就是一句空话。

首先，扫清这些“小障碍”可以为学生愉快地学习提供思想保障。思想政治教育有什么用？受“学以致用”观念熏陶的国人习惯于从这个角度来审视思想政治教育工作。一般的结论多从表面化的现象去回应这个问题。因为思想政治教育的作用看不见摸不着，也不大可能会立竿见影，所以，人们常常将思想政治教育误读为在做“无用功”。其实不然。思想政治教育不仅在宏观的层面回应“为谁培养人”，中观层面影响人们的“三观”，还在微观层面解决人们行为的“愿不愿”。这三个层次的划分是依据国家、社会、个人三个维度进行的，因此，其功用首先表现为鲜明的独立性。思想政治教育的作用有多大，在不同的维度可以有不同的判断。只有从宏观、中观到微观呈线性分布的系统时，其功用才表现为不可分割的相互联系，才有大小高低之分。也就是说，国家层面的“为谁培养人”的价值引领作用，社会层面的“三观”教育作用，个体行为在态度上的积极引导作用，是同一个系统中思想政治教育的不同功用。虽然看不见摸不着，但客观存在，不以人的意志为转移，个体积极的行为才能使“三观”教育成为可能，从而使“为谁培养人”获得满意的答案。换句话说，通过思想政治教育，一个大学生愿意在大学期间努力学习，树立了马克思主义的世界观、人生观、价值观，他将来一定可以成为社会主义建设者和接班人。可见，思想政治教育对个体行为的引导作用，在系统中处于基础和关键的地位。“基础不牢，地动山摇”。

在工作实践中，人们多在宏观层面和中观层面用力，有时会把微观层面的功用有意无意地忽略了，甚至认为这是学生自己的事情。用一些教师的话说，“学生的天职就是学习，还用问‘愿不愿’的问题吗？”但事实上，对于青年大学生来说，作为独立的有主观能动性的个体，其接受的教育或影响能否激发他们的自觉自愿直接影响他们的行为选择。在他们看来，“为谁培养人”主要是管理者的事情，“三观”教育主要是教师的责任。虽然这两个方面对他们都有影响，都是为他们好，但是，只有这种“好”能激发他们的自觉性，才是真正的好。也就是说，“愿不愿”才是他们最关注的事情。因此，我们经常会听到学生在接到工作指令的时候反问，“我为什么要去做？会加学分吗？”一些学者以为，这是新时代大学生“功利化”的表现，做什么都要“加学分”。一些学者对学生“逃课”“玩游戏”“抬头率低”等不认真学习的现象表示不理解，认为学生到学校就“应该”认真学习。我们常常会听到类似“现在的学生都怎么了”的诘问，却少看到学者们关注受教育者内心的需求。试想，如果一个青年大学生正在为如何与人交往，或交往中出现了问题而十分烦恼，又求助无门，他会认真听课吗？会对课堂上的价值观教育感兴趣吗？肯定不会的。这些看似青年学生思想上的“小障碍”，如果不能被及时清理，思想政治教育工作就很难展开。这种现象其实在成人世界也十分常见。即使是教育者本人，也很难快速排除这些“小障碍”而集中注意力从事手头的工作。

其次，扫清这些“小障碍”可以为学生感知社会提供正确引领。青年大学生对社会的关注是十分自觉的，不仅关注的面很广，而且多为社会热点问题。但由于生活阅历和知识储备等限制，他们的关注又往往是浅层次的。在认识方法上多表现为单向度的，常常只看到问题的一面，以点概面、以偏概全。在认识事物的结论上多表现为人云亦云，没有主见，没有新意，容易从众。认识事物不够周延，是青年学生思想认识的特点，无可厚非。但这应引起思想政治教育者的注意。正是因为学生对社会关注存在着行为的主动性、方法的单一性、结论的从众性，才使正确的引导成为必需，使思想政治教育工作能见实效成为可能。但问题在于，课堂教学往往因为教学任务没有主动结合社会热点而使得学生的关注点与思想政治教育的着力点发生错位，不仅容易使学生感到思想政治教育“无用”，而且因为不能得到及时的正确的引导，甚至被一些有问题的认识“误导”，从而使学生产生认识社会的思想上的“小障碍”。这些小障碍如不及时加以清除，就有可能反映到学生的现实生活实践中来，使他们对社会产生怀疑，甚至逆反的情绪。大学生中时不时出现的一些“愤青”“废青”“积极废人”“佛系青年”，大多因为思想认识的“小障碍”所致。因此，思想政治教育工作者应密切关注学生的思想状况，抢占思想政治教育的先机，引导他们正确认识自己所看到的各类社会问题。

最后，扫清这些“小障碍”可以为学校思想政治教育营造良好环境。马克思主义认为，人创造环境，同样，环境也创造人，说出了人与环境相互成就的关系。学校思想政治教育既要充分发挥思想政治教育的作用，为学生营造良好的成长环境服务，涵养优质的思想政治教育的环境资源，又要通过思想政治教育营造的良好环境为思想政治教育服务。单纯的课堂教学是无法营造校园思想政治教育环境的，必须是多维度多方面协同共建。只有紧紧抓住环境营造的主体，才能保证校园环境的质量。一些现象的背后，大多是学生思想认识上的“小障碍”在起作用。比如，“都大学生了，还把我们当小孩子耍”，“大学期间，学习不再重要，重要的是能力强不强”，“大学是个小社会，充满着各种你死我活的竞争，人与人之间只有永恒的竞争，没有真实的友谊”。诸如此类的认识，既有道听途说的影响，也有对现实表象的误判。说到底，这些思想认识的“小障碍”之所以会在大学生群体中潜滋暗长，甚至传播，根本上是由于大学生受社会阅历和自身知识水平的制约，没有得到及时的引导所致。不扫清这些“小障碍”，良好的校园思想政治教育环境就难以形成。

三

长期以来，安徽师范大学马克思主义学院十分注重在大学生思想政治理论课的教学过程中，关注学生思想上的“小障碍”，在理论教学和实践教学方面，尽力采用不同的方式方法，努力扫清学生思想上的“小障碍”。

2021年，适逢高校思想政治理论课“05方案”执行以来《思想道德修养与法律基础》最新修订，这是进一步贯彻落实习近平总书记2019年在学校思想政治理论课教师座谈会上的讲话精神，让不同类型的学生都爱听爱学、听懂学会，“在教学过程中进行多样化探索，通过多种方式实现教学目标”的好时机。因此，如何尽快吃透新版统编的《思想道德与法治》教材，真正做到紧扣统编教材，围绕统编教材，而又不拘泥于统编教材，编写组的同志们经过认真讨论，决定编撰系列丛书，既为吃透新教材服务，为一线教师备课和教学提供有价值的参考；又为扫清大学生思想认识上的“小障碍”服务。作为普通读物，也能为大学生学习思想政治理论课助力。

本套系列丛书有两个部分共七本。一部分是围绕《思想道德与法治》教材编撰的教辅资料。根据新教材的特征，以及对新教材的理解，我们编撰了四本参考教材。一是《〈思想道德与法治〉教学关键词》。试图通过对教材中每章节所涉及的主要关键词进行解读和拓展，为一线教师扩展教学视野提供必要帮助。这也是我们自己在教学过程中的基本做法，我们认为，抓住关键，就可以破解全局。讲好思政课，抓住关键词，是教学过程中首要的任务。二是《〈思想道德与法治〉教学十问》。本版新编教材，在不同的位置先后出现了十个“明辨”的板块，这个设置十分新颖。但由于教材的篇幅，没有进行拓展性解读。我们试图对这些“明辨”的内容进行讨论，也算是抛砖引玉。有些问题在学术界已经讨论了很多，也有一些是有了基本结论的问题，我们对其进行了必要的整理，以期为一线同仁提供必要的资料。三是《〈思想道德与法治〉实践教程》。近年来，高校思想政治理论课十分重视实践教学和教学实践，都希望提升教学针对性和实效性，不同学校不同地区都有十分有价值的成果。针对新版教材，如何为一线教师提供课堂教学实践的有益案例，是我们编写这本教辅材料的初衷。当然，我们选择的案例好不好，评析得对不对，一定是见仁见智，我们期待和同行们的交流讨论。四是《〈思想道德与法治〉“图说”典型与教学建议》。在教学实践中，要讲好思政课，一定要通过大量的典型案例和人物故事辅助呈现理论的魅力。在新版教材中，我们欣喜地看到，在教材中的不同位置先后设置了“图说”的板块，简要概述了不同典型人物和故事。这是以前的教材中没有出现过的。为了丰富这部分内容，让一线的教师较好把握这些典型，使教学更加添彩，我们把典型人物的闪光点与教材中理论阐释的重点结合起来，选取典型的精彩故事做必要拓展，并尽己所能地给出教学建议。虽是一家之言，也希冀能为一线的同行做点有益的工作。

另一部分共三本，是我个人的著作。一是《丙辉漫谈·给学生的回信》。本书收录了我于1993年至2000年期间写给学生的回信，信中所涉及的问题都是学生普遍关注的话题。二是《丙辉漫谈·青春彼岸的爱情》。本书是我在不同时期以不同方式与青年大学生讨论爱情的文字实录。三是《丙辉漫谈·哲思小语》。本书是2012年以来，我通过微博与青年大学生对话的部分内容。本书涉及的五个部分内容，是青年大学生面对现实生活，会经常遇见的思想认识“十字路口”。我试图站在这些“十字路口”，提出自己的观点，希望为青年大学生的思想认识提供必要的指引。这三本书，对于帮助大学生扫清思想认识上的“小障碍”具有一定的参考价值。如果说前面的四本教学辅导材料是从宏观层面帮助一线的教师整体把握课程教学内容，丰富教学资源做了必要的工作，那么，由我独著的这三本书，则是在微观层面，为教师把握青年大学生的思想实际，提供了有益的参考，有较好的针对性和实用性，也为青年大学生思考面临的现实问题提供有益的借鉴。

总体来说，本套丛书的目的在于试图为一线的教师吃透新版教材《思想道德与法治》在资料、教法和把握教学对象方面提供有价值的帮助；为青年大学生，特别是大学一年级的新生，奉上一套较好的课外阅读书。

我们期待同行的建设性意见。

路丙辉

二〇二二年一月十九日

前　言

人的一生应该如何度过？人生到底有什么价值？类似的问题在我走进大学的时候，就常常萦绕在心头。部分青年大学生，因为年轻，少社会阅历，少知识涵养，对于这样的问题常常是难以找到答案的。而由于没有答案，我们常常踯躅不前，愁绪满怀。所以，在我的记忆里，青春有很多快乐的时光，也有很多难熬的日子，仿佛就站在十字路口，不知何往，向哪边走都不坚定。这可能就是一些青年大学生看似在虚度光阴，实则是不知该何去何从的根本原因。心中的“成长痛”期待被人懂，可谁人能看得到呢？

一个偶然的机会，是在大二的“人生哲理”课上，我的老师钱广荣先生在课堂上要选出一名课代表作为他的教学小助手，我抛掉一个农村孩子的羞涩，鼓起勇气告诉班长，我愿意做这个课代表！从此，我跟着老师一起走进了专门讨论人生问题的思想政治教育领域，毕业后也十分凑巧地留校专门从事思想政治教育的教学和研究工作。这对于我这个从农村出来的孩子来说，真是天大的幸运！所以，从第一次走上高校思想政治教育的讲台开始，我就立志要用我在思想政治教育领域的收获不遗余力地帮助所有同我一样有过青春迷茫的青年大学生们。

于是，便有了“丙辉漫谈”这个个人创办的师生交流平台，专门利用业余时间与在校大学生交流他们关心的话题，为青年大学生的思想成长服务。先是通过课堂的互动问答，逐步积累了一些带有普遍性的问题；然后通过组织漫谈，以主题讲座和师生问答相结合的方式，为课堂教学“助攻”；后来通过书信与学生交流他们遇到的极具个性化的问题；再后来是通过自费建设的“中国辅导员”网络平台以及微博、微信等，发表个人的一些观点体会，主动和学生交流碰撞，并产生一些思想的火花，积极营造良好的师生交流氛围，继续为课堂教学“助攻”。这些为扫清学生思想上的“小障碍”而做的努力，得到了学生的积极回应，我的思政课课堂“抬头率”高了，“低头族”少了，充满精气神的青春笑脸多了，自称“佛系青年”和“废青”的少了。我仿佛看到了当初自己成长的影像，这使我更加积极主动地开展相关方面的工作。

到目前为止，“丙辉漫谈”现场版已经举办350余场次，加上线上，听众已有十万余人次；微博2300多条共计20余万字，阅读量超过两千万人次；在其他网络平台上发表的相关笔谈共计30余万字，阅读量超过千万人次。“丙辉漫谈”相关事迹先后被中央电视台、《光明日报》、《中国教育报》、《中国青年报》等国内多家重要媒体报道，先后获得“教育部校园文化建设优秀成果二等奖”“安徽省教学成果特等奖”“安徽省首届思想政治工作创新案例”等多项殊荣。

很多朋友和同行表扬我说，能坚持把一件事情做这么多年，而且做好，真的很不容易。这些表扬，使我十分惭愧。说实话，当初走上工作岗位时，我一个单身汉，做“丙辉漫谈”多少有些抱着试试看的心态，只想着把课讲好，把讲台站稳，不辜负老师的厚望，所以另辟蹊径，希望自己的才疏学浅能够得到学生的谅解和包容。从严格意义上说，我其实是个十分贪玩的人，只是我喜欢和学生在一起玩。因为我也做过学生，深刻体验过学生对老师的期待，尤其是在学生有困难的时候，老师鼓励的眼神、温暖的笑脸都可能为他们战胜困难增添勇气。而只有愿意和学生在一起玩，老师才能捕捉到学生内心的这些需要。因此，直到现在，虽然已经年过半百，但我依然不知老之将至。与学生在一起时，我忘记了自己的年龄；在青春气息的熏陶中，我忘记了自己已白发两鬓，皱纹满面。

就拿“丙辉漫谈”这个名称来说，一开始，我只是接受学生的邀请，去他们的班级里做个有主题的讲座，或者做个无主题的交流，并没有想过会有什么结果，更没有想过“丙辉漫谈”可以作为一种方式方法为高校思想政治教育工作助力。还是到了2004年，我有机会兼职做我校2002级政治系246个学生的辅导员，我的学生们把我为他们开的主题班会起了这个名字时，这才开始正式有了“丙辉漫谈”这个名称。从此，“丙辉漫谈”成为我从事思想政治教育工作不可或缺的一部分。因此，与其说是坚持，不如说是我碰巧“玩对了”。也正因为如此，我从没有感受到职业倦怠，满满的人生乐趣让我忘乎所以。当然，如果一定要说其间是有深刻思考的话，那应该归功于我在本科阶段比较认真地研读了四卷本的《毛泽东选集》，以及在学生社团的工作经历，这使我比较深刻地理解了党的群众路线对于思想政治教育工作的价值。和学生一起玩，其实就是在走群众路线。实事求是地说，我们的思想政治教育工作绝不是坐在书桌旁，敲键盘、做课件、写论文就能完成任务的。

除了幸运地选择了群众路线这个有效的方法之外，我还深刻地受到了父母的影响。我的父亲是一名乡村医生，母亲是一位农村妇女，目不识丁。但他们和天下所有的父母一样，勤劳而朴实。他们有一个习惯那就是喜欢积攒一些看起来不起眼，却经常在使用的时候就十分需要的东西。比如家庭生活中常见的塑料袋、针头线脑、旧衣服、好看的空瓶子，甚至是春天从树上砍下来的比较直而粗的树枝，都会被他们很好地保存起来。他们常说："别看现在用不着，到你想用的时候，就有价值了。要是扔了，想找就找不着了。"尽管很多的"珍藏"后来都没有派上用场，不得不在一次次搬家的时候被"忍痛割爱"，但这样的习惯一直保持到他们永远地离开我。幸运的是，父母喜欢"收藏"的习惯使我从小就耳濡目染，并深深地影响了我后来的工作和生活。我把每次"丙辉漫谈"后半部分学生提问的纸条都较为完整地保存了起来，至今已经积累了万余条。20世纪90年代，我给学生的一些回信也被复印保留了下来。有了微博和微信以后，我又充分地利用零碎的时间将点点滴滴的思考保留了下来，这便有了现在呈现在各位眼前的三本文稿。

本次整理的《丙辉漫谈·给学生的回信》《丙辉漫谈·哲思小语》《丙辉漫谈·青春彼岸的爱情》，只是我三十年来业余工作的一部分。整理的过程，也是回忆的过程。一些当时的场景历历在目，真是人生的一大快事。尤其是一些文字，我还会在整理时通过微信发给当事人看，他们也感到十分惊讶，惊讶于我的"收藏"本领，这勾起了他们愉快的回忆。当然，读者可能无法体验这种快乐，但是分享这些思想火花，或许对读者思考相关的问题小有裨益。这正是我乐于整理的动力。

总结起来说，因为遇到了人生导师，我幸运地走上了思想政治教育工作之路；因为研读了《毛泽东选集》，我幸运地选择了群众路线；因为深受父母的影响，我幸运地保留了三十年工作的足迹，从而有了现在的这三本文稿。三个幸运，一路走来，仿佛珍藏的一粒粒"珍珠"，也成就了我的今天。这些珍珠，如果单独拿出来，可能一钱不值。现在，通过“丙辉漫谈”这条主线将它们串起来，做成一个物件，希望够起到“好看、好用、好玩”的作用，能够在青年大学生和一线教师那里，获得好收成。

路丙辉

二〇二二年一月二十六日

目　录

语一　人生的选择与考研

按语：每个人的人生都不同，古人把这归于“时也，运也，命也”。是不是因为时、运、命的背后操作，导致了不同的人生，我们不得而知。但大量的事实充分证明，每个人的人生道路都是自己的具体实践铺就的，左右这条道路的关键，在于自己的人生选择。

青年人由于缺少社会阅历，甚至缺少人的指导，常常在人生道路的开始，就选择错了，从而影响了自己的一生。比如，该读书的时候，选择了浪费光阴的玩乐；该成长的时候，选择了“两情相悦”的爱情；该工作的时候，选择了“漂族”的生活；等等。这些都在一定程度上耗损了自己最有价值的青春岁月。

习近平总书记指出：青少年阶段是人生的“拔节孕穗期”，这一时期心智逐渐健全，思维进入最活跃状态，最需要精心引导和栽培。“蒙以养正，圣功也。”就是说青少年教育最重要的是教给他们正确的思想，引导他们走正路①。因此，作为高校思想政治理论课教师，我试图为站在人生选择路口的青年大学生说点什么，或可对他们的人生选择有所助益。

① 习近平.论党的宣传思想工作[M].北京：中央文献出版社，2020：373.

我们需要进行选择的事情有很多，一般情况下都不难做出令自己满意的选择。但在遇到有太多变数的时候，往往不容易下决心，因为瞻前顾后，总希望失去最少得到最多。其实，任何选择都有一个前提，或叫原则，或叫标准，如果没有这个，一切选择都会遇到障碍。选择是否考研如果不是随心所欲，那前提是什么呢？

我们判断一个问题的正确与错误必须首先有一个前提，否则就很难做出判断。比如说哪件衣服好看或者哪间屋子适合住，如果没有条件就不好说。这个条件有时是我们的思想观念，有时是客观事实。观念可以变化，而事实往往无法颠覆。最可怕的判断是以变化的观念为载体乱说。

想起多年前一个学生告诉我，他的同学为了实现自己考上某著名大学的理想连续四年放弃上其他大学的机会。同学说到此事时都心生仰慕之情，追求理想执着如此，精神可嘉。可是，人不仅需要精神，还不得不面对现实，那失去的四年韶华谁能补偿呢？实现理想的路有很多条，为何就执着于此一条呢？

高考结束了，近千万的考生结束了这一轮的赛事，前途正等着裁判们的神笔。回头看看自己的足迹，是有序的还是杂乱的，是深的还是浅的，是用心的还是无意的，是主动积极的还是被逼无奈的，大概就可以基本确定成功几何。当然，要是一匹黑马谁能挡住呢？

面前有很多路却不知道该走哪一条，结果仿佛没有了路。这种尴尬是校园里的帅男靓女们常常感叹的。根本原因在于只看到了眼前的路，却从不想搞清楚路的方向，也不清楚自己的方向。于是他们愤然说，路在脚下，简直是屁话！管什么用！——走啊！不走怎么知道好不好？

大一新生进入大学初期会感到迷茫，主要由于：一是进入大学以后，学习的专业好像并不是自己想要的那种感觉；二是学习的状态也不是自己想象的那样轻松愉悦；三是看大家的样子好像每天都乐呵呵的，自己反倒显得仓惶而没有方向。

一般来说，人们在一个目标实现之后，新的目标还没有确立之前，都会有一个空档期。在这个空档期人们的心理反应是不同的。有的人趁机休息一下，喘口气准备再找新的目标。有的人在休息的时候看到别人仍然在继续奋斗，就会感到压力，担心自己落后了，产生焦虑和恐慌。也有人基本上没有这个空档期。因为他们将自己的目标设定得很远，在个人理想的引领下，设计出一个个的阶段性目标。这些人一直方向明确，一直奋斗，不仅生活显得充实，而且整个人都显得精神。

怎么去化解这个迷茫的状态呢？第一，把自己的目标确立得更长远一些，不要只顾眼前。至少现在可以把目标放到毕业后几年之内。否则，后面还会出现类似的情况。第二，专业学习感到和自己想象中不一样，是自己不了解专业情况，要冷静下来，不要急躁。大家对专业的学习都存在无知的一面，都需要一段时间摸索。有些同学盲目地选择转专业，或者觉得某个专业将来好找工作，都是不太合适的想法。要谨慎对待，要在听课中慢慢体悟和琢磨，也可以跟讲课的老师多沟通。第三，大学学习的状态与自己的想法有距离，是正常的，因为大家在高中的时候对大学的学习情况还不了解。大学学习是紧张而丰富的，不可能像高中那样单一地为了高考这个目标学习、复习和考试。大量的专业基础知识需要学习和消化，需要为自己的未来在知识储备、能力锻炼等方面付出大量的心血。可能只有在摸索到大学学习规律之后，才可以应对自如。那也只是在心理上轻松了，身体的劳累还是依旧的，要有思想准备。正如那句话说的：在科学研究的道路上，从来没有捷径。

专业学习只是一个载体，一个学会大学学习方法的载体。一旦学会大学学习方法，学什么专业都可以。不能以为一个人天生只能学习某一个专业。当然，对于一个职业工作者来说，其好像总是和某一个具体的专业相联系。其实这只是表象。很多人都不会是单一地从事与自己大学期间的专业一致的工作。

兴趣有与生俱来的，也有后天养成的。一般来说，后天养成的稳定的兴趣才是真正的兴趣。兴趣可以和专业相结合，也可以不结合。这得由自己走进社会的通道来决定。我们不能否认有兴趣的专业培养出来的人可能会在专业方面有较好的创新能力。但这确实需要有很多机遇才有可能。有兴趣的专业劳动可能不会感觉累和枯燥，但如果我们相信人的兴趣是可以培养的，就不用担心专业是否与自己的兴趣相吻合。

因此，怎么办？在不能改变的情况下，静下心来认真学习就是最好的方法。

学分和活动哪个重要？

在我看来，活动更重要！没有活动，什么学分也没有。参加的活动多了，自然不必操心学分够不够。但很多大学生其实是想问，在怎样的情况下，才能处理好拿学分和参加活动的盲目性之间的矛盾。

我认为，最关键的是看活动的内容。就像选课，不能什么课都选。活动其实也是选修课，学生要根据自己的需要合理谋划自己参加活动的选项。班级活动，不管什么，都必选，既是捧场，也是学习，事关班风建设，有益于大局。学校或学院活动，就要根据自己学习的需要来判断，还要看时间上是否允许。这里面有一个时间冲突的问题。活动一般在业余时间，自己可能还有学习任务，怎么处理？就像当学生干部的同学问我，如何处理繁忙的学生工作与学习之间的矛盾。其实很简单，当学生干部，或参加活动，都等于是比别人多读了一本书。想想看，在相同的单位时间里，你要比别人多干一件事情，除了借用别的时间，比如休息时间，还能有别的办法吗？肯定没有。

大三下学期是该准备考研的时候了！英语不是障碍，认识不到位才是大难关。考研是青年难得的人生历练，因为考研不像高考那样有老师带着、同学陪着。考研是在不知道对手如何的情况下一个人的旅程，既要战胜内心的孤独还要战胜对对手的畏惧。有了这个历练，人生便多了一份战胜困难的勇气。

我们不能简单地用考研或就业来判断选择的好或坏。对于人生来说，幸福与否并非只有一个标准。但是，对于一个没有任何外援的人来说，读书可能更容易获得日后的发展机遇，其他路径可能要困难些。因此，即使选择调剂或请人帮助以获得读书深造的机会也是明智之举。

所以考研还是立即就业，要看哪条路更能有益于实现自己的价值追求，而不是人云亦云，盲目跟风。古语有云，人无远虑，必有近忧。就是提醒人们在做选择时要将眼前的选择与未来的发展相结合，而不能随心随性。考研和就业不是对立的，而是辩证统一的。

即使是缘分，也需要自己看见和决定，这个决定就是选择。不选择，缘分如何结果？对未来的未知并不影响自己做相关的选择。人生岂能因为“不一定能考上，不是想考就能考上”就不做这样的选择呢？选择的必然性和结果的可能性共同书写精彩纷呈的人生。

人生是一个漫长的过程，但紧要处只有几步，对每个人来说都如此。人生所以不同，关键就在这几步。而这几步不同的原因关键在人们不同的选择。大学该不该谈恋爱，毕业了是考研还是就业，在自由的条件下选择什么样的职业……选择的不同决定着自己的人生方向。

毕业后去哪里、做什么工作，应当结合自己的实际情况，基本的思路是自己的身体、能力、家人的需要，以及社会提供的可能条件。即使是应社会的需要做志愿者，也应考虑这些因素。社会需要人们从善互助，但不会让人奋不顾身。社会表彰奋不顾身，但并非提倡人人皆应当如此。社会存在的价值就是让每个人都好。

毕业向何处去？为什么做这样的选择而不是那样的选择？具体地选择什么并不重要，重要的是这个选择在个人的发展规划中应该居于什么位置。如果不是整体地考虑自己的选择，就可能陷入随大流的泥坑。有整体规划的选择，即使是漂泊也有走到尽头的时候。反之则无尽头。

毕业是高兴的事啊，何必太忧伤？青涩的记忆，永恒的时光……相碰的酒杯，盛不满分别的惆怅；含泪的眼睛，映不出相离的方向……这本是生活的原色，不用涂抹哀伤。相逢是缘分，相离是成长。今日一起举杯，友情地久天长。这不是痛苦的开始，不过是换了个奋斗的战场！

所有考研的“战士”估计此时都应该从酣睡中醒来了吧？我衷心祝愿大家能够实现自己的梦想。考研其实是一次精神历练的过程，其间需要面对的不仅是需要硬功夫的英语、政治和专业课，更重要的是心理上的挑战！孤独，寂寞，无助，不知对手，尤其是复习效果心中无底，可谓艰辛。

人生的每一次相遇都是机缘，有的人因此羽翼丰满而扶摇直上，有的人却可能不知不觉无所作为。其差别可能就在于，前者知道自己需要什么，所以，机缘来的时候就会牢牢抓住，实现自己的梦想；而后者的悲哀正在于还不知道自己需要什么，所以，机缘来的时候，也没有感觉。衷心祝福毕业生们。

一份证书放在那里，当其是荣誉的人兴奋：头上多了一层光环，兜里多了一份资本，人生更上了一个台阶；当其是奋斗成果的人激动：辛勤劳动得到认同后的幸福感，劳有所获激起的满足感，前进的动力更足了；而当其是虚荣和名利的人总是受伤：自己拥有的时候骄傲，别人拥有的时候嫉妒。

如果不能满足自己的要求就宁愿放弃就业机会（尤其是既能够实现自己的梦想又能够满足社会需要的机会）的做法，浪费的是自己的青春，损失的是锻炼的平台，可能还是自己可以大有作为的天地。对于青年来说，工作的平台要比物质的待遇更重要。

有人说："人生就是一次匆匆的旅程。"我仿佛已经搭上了这趟开往远方的列车，窗外闪过的风景，都成难忘的记忆……于是，在喧闹中寻求宁静，在匆忙中渴望缓行……

给自己一个放弃的理由并没有什么难度，只要愿意就行。而给自己一个坚持的理由却不同，需要有智慧的头脑以判断，有正确的价值观以选择，有坚定的意志品质以护航，有科学的实践精神以行动……所以，人们寻找放弃的理由的能力不用学习就能够掌握，而坚持的能力却需要长期的学习和实践的磨练才能具备。

刚毕业那会儿，一个朋友来和我讨论他是不是应该去上海。我说了三条理由，他没有吱声。过了几周，他兴奋地告诉我，一位教授告诉了他三条理由，因此他决定去上海。要知道教授说的和我说的是一模一样的啊！生活中并非没有好建议，往往是迷信让我们盲目地追求着某个具体的人……

我们常说，如果让我重头来过二十年，生活一定比现在更理想。这是值得相信的假设。因为我们知道了该怎么选择，该如何奋斗。但这又是不可信的假设，因为真是那样的时候，我们依然会在太多的路口徘徊。在人生的关口，我们多么需要一位导师的指引啊！

其实，我们的生活中并不缺少指引，往往是我们对于指引的选择让我们与那个“心中的导师”擦肩而过。想考重点大学的人往往忽略指引他考普通大学的人：要是听了你的话我还能实现我的梦想吗？这样的人不是在寻找人生的导师，而是在寻找拥护自己的选民。

自卑的人导师太多，往往让自己无所适从。自傲的人却总是导师太少：我这样的人是你能指导得了的吗？只有聪明的人会客观地分析他人的建议，并从中汲取养分，使自己快速成长。那种指望着有专门的人生导师来给自己指引的想法往往是可爱的理想，总让自己在渴望中错过心灵的滋养。

如何才能将一份工作当成一份事业来做？去找到这份工作与自己所要追求的事业的关联性，把“我”要追求的个人的事业和社会的需要结合起来就一定可以！任何一份事业都是通过某项具体的工作表现出来的，所以如果不知道什么是自己应该追求的事业，不妨先做好手头的工作。

一个普通大学的学生如果参加考试做了城管，这不是新闻；要是一个重点大学的学生通过考试做了城管，这就变成了新闻。城管不是人干的？必须是普通人干的？没有城管能有现在的城市面貌？“重点人”干的都是“重点事”？

一个人一生能做无数件事，这是没有疑问的，即使是懒汉，也会做很多事。但是，一个人一生能够专注地做几件事甚至是一件事且有所成就，那就很了不起了。为什么？因为每天的时间是有限的，而每天的事情都不可能是唯一的、可以专注地完成的，总有这样那样的事耽误我们很多时间。那么，不是有很多人真的也很专注地有所作为了吗？是的。你可以看看那些有所作为的人是怎么专注地工作的。几乎无一例外，他们要么是推迟自己的结婚年龄，要么是牺牲其中一个人的未来成全另一个人。所以如此，原因就是要想有所作为，必须专注，要想专注就必须避免许多打扰，然而有些打扰是可以避免的，有些是无法避免的，无法避免的就必须有一个人来应对，这个人常常是妻子或者是父母，否则，一个人的奋斗很难有绚烂的人生。

人生的转折犹如汽车的转弯，如果不注意把握，就很有可能出现意想不到的结果。没有处理好与他人车辆的关系可能会被撞，没有把握好方向盘可能会偏离方向，没有注意速度可能会被自己的莽撞甩出去……不一而足。大一学生需要十分注意，职业人也不例外。

看完感动中国，常会问自己，这些人的什么感动了中国？应该是坚持的品质，从事的事业，不懈的追求吧。当然，还有自己准确的选择。每个人在自己人生道路的关键点都有无数的人生方向的生长点可供选择，正确的选择影响和决定着人生的方向。什么样的选择才是正确的呢？

“将个人的兴趣爱好、价值追求和实现与社会的需要相结合，而不是单纯地从个人的需要出发选择自己的人生道路，基本上就是正确的选择。”“得了吧，我没有那么高尚，我就是为了我自己。”这其实是不现实的，社会总会以它的方式选择自己需要的人才，而不为个人的意志左右。

人生中有意义的事情就是自己最喜欢的事情。不过，如果去掉价值判断，这种有意义就容易出现误导。因为，人是社会的人，有无意义一般不会按照个人的意愿来确定，而是按照社会的标准来确定。这就产生了个人行为选择与社会认同之间可能的矛盾。因此，人们一般会强调，有意义的事情就是将个人的爱好与社会的需要相结合，有所作为。

你不想当老师，有编制可以吸引你；你没有想过当村官，有选调生可以为你提供机会；你没有工作，有各种考试等着你选择。你选择了，就是主动或被动地接受了将个人价值实现与社会需要相结合的观点了。个体户不结合社会需要能挣到钱吗？挣不到钱能实现当初的梦想吗？

是社会的现实左右了我们的思考，还是我们的思考扭曲了社会的现实？

社会的现实有真假两种。当表象的真实和事实的真实一致时，是真的；不一致时，就是假的。因此，如果没有正确的判断，人们的思考往往会扭曲社会的现实，从而进一步遮蔽现实社会。

考研干什么？毕业后还不是要找工作？这个问题得回到读书干什么那里去找答案。读书不是为了工作，而是为了改变自己，让自己变得越来越适应社会需要。其实每一个人不过是社会这架机器上的一个零件，只有通过学习不断地适应社会的需要才能实现自身的价值。

学生者以学为生，不考研又干什么呢？何必去抢人家的饭碗？当然，这是每个人自己的事，我作为老师只表达自己的观点，行使自己的权利，不决定某个人的未来。

有人说，没有考上研究生，所有的计划都打乱了，以至于一切都发生了变化，所以自己变得六神无主。其实这是对计划的误解。任何计划都应该可以调整，今年没有考上，不过是将原来定在今年的计划推迟到明年再执行而已。即使是国家的计划，面对偶发的意外也会适当调整，没有人规定必须只有今年考上才会有将来。

有人说，如果我还考研，"二战"再考不上，那不是更对不起那些对我寄予期望的人吗？所以还是不考最好。这种不考的理由太牵强，既然是怕对不起，那就接着考，考上了不就对得起了？寄予期望的人不就是想看到考上的结果吗？其实，对考不上的担忧可能才是最大的心理障碍。我想问的是，为了考上自己付出了多少？

有人说，既然这个专业考不上，我还是换个专业考吧。这样的选择尤其要慎重，因为第一次的专业选择已经付出了很多。尽管这次失败了，但知道了离成功的距离，知道还需要用多大力，而如果重新选择专业，等于一切重新开始，原来的积累归零，这应是不太理想的谋划。

有人说，我长这么大都是父母为我做主，现在即将大学毕业，所以我一定要为自己做一次主。这样的行为勇气可嘉，却并不明智。因为过去和现在都没有谁能像父母那样全心全意地为你服务和着想。即使父母的想法与自己的追求相去甚远，但在总的目标上一般也不会有太大出入。尊重父母的意见，不仅是孝顺，更是对自己负责。

对于很多人来说，考研是一次改变自己命运的机会，如果没把握好，就会因此而改写自己的人生轨迹。再考一次是坚定地选择自己梦想方向的行为，或许不容易，但是，比起其他的人生路要相对容易得多。

选择考研有很多理由，不考也有很多原因。我们不必讨论考与不考的利弊得失，只说考研对于一个青年大学生来说可能带来的益处。先不说是否能考上，复习迎考本身就意义非凡。因为首先需要的是心静，其次需要的是智慧，再次需要的是恒心。这三点对于青年人来说十分重要。

就考研复习的方法看，有的人能抓大放小，有计划地一步一个脚印地前进，有的人是眉毛胡子一把抓，脚踏西瓜皮滑到哪里是哪里；有的人善于听取意见，有的人只管埋头拉车。诸如此类，就可以看出谁更会学习。而事实上，研究生期间谁更有收获就看谁更会学习。未来的社会工作中无不是会学习的人走在前头。

考研备考瓶颈期如何调整自己？先适当休息一段时间，小幅度前进，待精气神恢复后再战！产生瓶颈期一般有两个方面原因：一是复习过程的疲劳导致自己心理的承受力下降，二是复习方向的迷茫导致内心的犹豫感增强。这时需要有针对性地做必要调整。如果是前者，就可以适当注意休息，通过减少压力来得以缓解。如果是后者，则可以通过梳理过去的复习内容来整理自己的感觉。其实所有参加考试的人都会有这种犹豫，因为谁也不知道会考什么。但如果自己复习认真，涉及面足够宽，就会有信心。那种想偷点懒，还想考高分的想法，常常是导致半途而废的“元凶”。

考研的过程是枯燥的，寂寞的，有时还是忧虑甚至是恐惧的，因为不知道对手是谁。各种不良情绪经常会不期而至，因此，考研又是一次学会自我心理调节的过程。事实证明，在未来的社会工作中，谁更会自我调节谁将会拥有良好的心态面对社会上的各类问题。良好的适应能力是与良好的自我调节能力相伴而生的。

考研坚持不下去怎么办？在开始的时候就邀请有相同目标的小伙伴一起相互激励。如果想打退堂鼓，就问问自己当初为什么会选择考研。要知道，考研不仅考专业课，考英语和政治，同时还考个人的意志，所以在平时也要加强意志的锻炼。当然，在准备考研的过程中，尽量减少负面的干扰是必要的。

荀子曰：登高而招，臂非加长也，而见者远……君子性非异也，善假于物也。说的是一个人应该学会善于借用资源以帮助自己。考研也如此。在考研期间多与同学交流，考后多听听建设性意见，都有益于自己较好地面对考研的结果。不要一个人孤独地面对，悲壮地前行。

如何理解考研不是孤独的面对，却又是内心孤独的战斗呢？从选择考研到复习迎考都可以找到能够帮助自己的人，这是不必孤独面对的，是提醒学生注意学习的方法。而战斗者在战斗过程中所体验的内心的孤独，是无法请人帮助的，只能够通过倾诉、自我调节、转移注意等方法减轻或消除。

考研并不只是一个简单的学习过程，而是青年人在踏入社会之前一次难得的全方位的历练。从大量的事实看，凡是能够坚持到底的人成功率都相当高。考过的人一般会有相似的经历，在考场上常常是每场都有人弃考，半途而废的人不在少数。是放弃还是坚持往往就在一念之间，成功与失败亦如此。

等待考研结果的焦虑是每一个经历过的人都难以忘怀的，尤其是考后自我感觉不错的人。考得不好的人考过之后就开始准备后面的路了；而那种感觉不错，结果意外的人往往没有很好的思想准备。因此，如何面对这个意外的结果对这类考生来说又多了一层考验，是彻底放弃还是重整旗鼓需要冷静思考和认真总结。

就人生来说，成功并不是主旋律，失败倒是经常的。如何收拾败局最能看出一个人的真品质和真本事。这是那些从没有失败过的人难得的财富。面对考研的失败也如此：第一我们知道距离成功还有多远；第二可以知道有哪些不足；关键是第三，该如何弥补这个不足。如果再战，必须认真地自我反思，查缺补漏。

从面对考研结果的不同态度来看，有不少人对考研的心理准备是不充分的，仍保持着高考时的心理状态，认为这不过是一次升学考试。其实不然，考研不仅是一次升学考试，更是一次人生大考，是一次独立面对人生选择的大考验。所以考研的价值并不只在成功与否本身，还意味着将来能否独立面对人生。

当然很多人会对高考津津乐道，成功的喜悦无与伦比。但细究起来，高考的心理考验是简单的，更何况还有老师的帮助、同学的陪伴、家人的关心。而考研其实就是一个人的战斗！从选择专业开始到尘埃落定，基本上都是自己面对。所以有的人在考研期间热衷谈恋爱，其实是想驱离内心的紧张与孤独。

考研没有考上，是不是就是一种失败呢？“没有成功就是失败，这有什么好讨论的？”问题是，将此得失用成败来论本身就不准确，只是我们习惯于考试的评价，总是用成败论英雄。在我看来，真正的失败是精神上的失败，由于一次的失利而一蹶不振，从此“谈考色变”，且彻底放弃考研。

有的人将考研的失利与个人的荣辱联系起来，这其实是自寻烦恼。如此的想法或情绪其实是虚荣心在作怪。大可不必！事实上，即使是高考那样对人生具有质变意义的考试没有胜利，也与荣辱无关。当然作为当事人感觉“无颜再见江东父老”并非虚荣而是自尊受到伤害，这可以理解，但除了让心情灰暗还有什么？

失败并不可怕，可怕的是对待失败的错误态度和行为。正如跌倒了不可怕，可怕的是就地躺平不起来，或者甚至要跟土地较劲，不把它挖掉不罢休。站起来，拍掉身上的灰尘，继续走自己的路！失败了，想想为什么失败了，对症下药，就会成功，而不应该就此颓废下去，放弃前进。真正的失败是放弃！

有没有考上研究生，到目前为止基本尘埃落定，要不要“二战”成为大部分同学新的纠结。在我看来，根本不必纠结，如果家里没有什么需要自己担当的责任，应该马上收拾心情准备出发，因为这次失利已经十分清楚自己输在哪里，离成功还有多远，应该怎么战斗。还等什么？一鼓作气啊，胜利必将指日可待！

语二　品格与修养

按语：任何一个事物都是立体的，人们从不同的角度可以认识它不同的方面。就事物本身而言，人们评判它的好坏，主要从两个方面。一是质地，即事物的属性，是什么质料做的，具有哪些构成元素。这直接关系到事物的质量。二是品相，即事物的外观，是什么样的结构，体积的大小。这直接关系到其在同类事物中的相对地位。

人们对人的认识，与此相类似。因为人也是立体的，人们从不同的角度观察一个人，也会有不同的结论。就像不同的人有不同的朋友，同一个人，人们的评价也不同是一样的道理。人们评价一个人，一般也有两个方面。第一个方面是品质，即人们熟知的德性修养。一个德性好的人，一般会被认为是“好人”。作为品质元素而存在的德性修养，人们都比较熟悉，比如忠诚、公正、自信、温暖、感恩等。但是，元素只是作为物质构成的成分存在，其本身不具有立体性特征。因此，认识人，还必须看第二个方面，这就是格局，即一个人的德性修养所能表现出来的外在状态，或叫外在的面相。如果没有这个外在的状态，只说一个人的德性修养，就容易把一个立体的人说成是一个抽象的，不可捉摸的，不能被认识的简单存在物。这个外在的状态是可以通过一个人为人处世的行为表现出来的。在现实生活中，我们常常把这种外在的行为表现称为人的格局。完整地说，应该是指人的品质所呈现的格局，简称人的品格。

人的格局，其实是指人的品质的外观，类似物体的外形，也具有长、宽、高的结构形态。人之品质的长度，是指人的品质所具有的稳定性特质。说一个人忠于祖国，始终如一，就是对其忠诚品质所具有的长度准确的描述。人之品质的宽度，是指人的品质所具有的相对性特质。如大爱无疆，就是说一个人爱的品质所表现出的范围相对来说没有边际、极其广大。人之品质的高度，是指人的品质所具有的社会性特质。说一个人总是能够站在集体的角度思考问题，其实就是赞扬他的品质有高度。

一个人只有品质而没有格局，是不可想象的，有格局的品质才能使一个人成为真正的有德性的社会人。品质是品格的质料，品格是品质的面相。没有品格的品质，只是具备了基本的德性的质料，是具有可塑性的自然人。没有品质的品格是不存在的，品格是在品质的基础上，通过复杂的社会实践不断淬炼出来的德性。因此，人们评价一个人的人品优劣，一般都是基于有一定格局的人品，即品格，而不是单纯讨论其作为品质元素而存在的德性修养。比如善良，作为品质的元素，一般是人人都有的，但为什么我们却在生活中常常遇到不善良的人呢？因为他的善良没有一定的格局，他只对他认识的喜欢的人才善良，而对不熟悉的人并不表现出这一品质。即是说，他的善良，既没有宽度，也没有高度。虽然对认识的人善良，能够做到始终如一，却也只是单面的品质。这样的善良就是不值得提倡的。从评价角度来说，此人有品质，却没有品格。

没有人天然就具有一定的品格。人总是通过一定的学习和实践，逐步地成为一个有品格的人。这种修养总是在不断的社会交往中，在具体的生活实践中形成的。因此，关于品格和修养的讨论，对于极具可塑性的青年大学生来说非常必要。大学生应不断地通过实践，将自己天然的品质在稳定性、相对性、社会性，即品格的长度、宽度和高度三个方面有意识地加以锤炼，使自己成为一个大写的、立体的、能够满足社会各方面需要的人。

看得见的是行为，看不见的是品格。

事实就是这样。没有一个行为不是内在品格的外在表现。正是在这个意义上，每个人都应该知道，别以为人家不认识你，人家通过你的行为就知道你的内在是啥样的。所以，接近你的人和你相似，远离你的人和你相异。物以类聚，人以群分，此之谓也！

也因为如此，每个人都应该注意行为的规矩，内在的修为。因为每个人都希望有好朋友，有好品格的好朋友。自己不是凤，何来凰相随？

不愿意进行自我修养的人理由很充分。他们说，我是修养好了，别人不愿意修养，还不是白搭？一只羊生活在一群狼中，能好好活吗？听起来振聋发聩。是啊，在经济学领域就有“人对人是狼”的近似说法，号召人们在经济建设中要有假想敌，要能下得了手，不要有怜悯之心。

事实真是如此吗？正如在大学期间想谈恋爱的人总是说，到了大学，谁不谈恋爱呢？于是给自己谈恋爱找到了一条十分充分的理由。

事实上，人们常常走入这样的误区，别人生病是我生病的理由。却很少有人说，他是那么好，我也要如此。一般情况下，人们会说，现在还有几个人讲道德？当真看到一个被公认为有道德的人时，人们又会把这句话翻译成，现在像你这样的人有几个？真不容易。听起来像是表扬，其实是骂人，没有几个人讲道德了，只有你这个傻瓜还在讲。

古人云：见贤思齐焉，见不贤而内自省也！时至今日，这句话依然具有现实的指导价值。

在评价一个人的时候，无论是官方还是个人，都会从德性方面入手，而且十分强调。即使是很有才能的人，人们也会在这方面强调这个问题。许多时候，人们以为德才兼备是管理者的基本素质。从表面来看，确实如此，但认真加以审视，我们就会知道，所以有这个要求其实符合人们对于人性的基本判断。在人与人的交往中，谁都不愿意和一个德性有问题的人在一起，因为和德性有问题的人在一起，会使人缺乏安全感，而安全感是一个人最基本的需要。因此，从这个角度看，人们对他人的评价从道德的角度进行，并不是一种特意的安排，而是与人性需求相吻合的自然呈现。

能否做到公正在于我们的内心有没有一颗善良的种子。有了这样的种子，即使自己不乐意也能秉公办事，所以唐太宗即使再气魏徵也不会杀他，不会罢他的官。而如果没有这样的种子，则会“顺我者昌，逆我者亡”。

什么是好的，什么是不好的？什么是善的，什么是恶的？如果不是站在公正的立场，而是站在个人喜好的立场，我乐意、我赞同的就是好的、善的，恐怕只有从不抱怨的父母才能满足我们的要求。

人们为什么需要忠诚？或者，有一个对自己忠诚的人（爱人，朋友，或者亲人）有什么好处？第一可以让自己有安全感。因为至少人们在以为对方对自己忠诚的时候，会没有什么顾忌地将自己的一些秘密暴露出来。如果是暴露给了对自己不忠诚的人，甚至是自己对手派来的卧底，显然是自寻死路。第二可以让自己感到有力量。因为一个人的力量总是有限的，有了忠诚的队友，就多了帮手，就有可能干更多的事情。古往今来，没有哪一个人的成功是靠自己干出来的，都是有了一个团队之后才实现了梦想。第三可以使自己有幸福感。人们对幸福的体验不仅在于获得了多少物质方面的财富，更在于精神方面的感受。忠诚的朋友会给自己带来更多精神上的享受，比如思想观念的认同会让自己感到存在的价值，精神出现危机时可以得到最贴心的呵护。

忠诚是有条件的。

对父母的忠诚源于父母养育了我们，俗语“养儿防老”其实是对子女未来的期待，当自己年老，身体机能衰弱时希望能得到孩子的赡养和照顾，理由是什么呢？很简单，就是在孩子小时，父母付出了心血，子女在长大后应该给以应有的回报。这也是最起码的伦理公平。

同样道理，人们对于爱情、友情以及岗位的忠诚也有条件，这种条件就是公平。情侣最后走向分手，是没有忠诚于相互间的感情投入，为什么？肯定是一方感到了不公平。所以，那些经常吵吵闹闹的情侣往往逃不掉爱情失败的结局。如果人们从友情中不能获得近似公平的回报，也会渐渐疏远这种情感。人们对岗位的忠诚，无疑要看岗位给自己带来的收获能否与自己的付出相统一了。人才流动的背后也多是这种情况的现实反映。

所以，如果你没有朋友或爱情，甚至在家里也没有足够的获得感，就问问自己，你能给对方什么回报。如果没有或很少，就无须抱怨了。

忠诚的另一个条件是个人内在的精神和品质，这与外在条件（忠诚的对方能够满足自己应有的需要）完全不同，它更多地强调精神和品质层面的元素。比如，对忠诚对象的判断和认定，不因为一时的得失或个人的得失而确定自己的行为取向，而是根据自己的追求和个人的品质来确定。我们在团体中常常看到一些对团体忠诚的人，并不是因为团体满足了自己的需求，而是这个团体所追求的目标和现实的状态。这就是一种忠诚的品格。

忠诚的品格还通过强烈的责任心、执着的追求精神、精益求精的敬业情怀等行为品质表现出来，所以，社会在评价一个人的时候，或许并不是从忠诚的视角，但其他的荣誉从不同的侧面反映了一个人的忠诚品格。比如，比较典型的有“全国五一劳动奖章”获得者、“中国好人”等荣誉。现实的生活中，人们在判断一个人是否具有忠诚的品格时，就看这些也是一个很好的尺度。

忠诚的品格可以赢得朋友，更可以成就伟业。所以我们总可以从古今中外的伟大事业中看到其背后站立着的、相互忠诚的、令人敬佩的英雄群体。大到国家政治生活中的群体，比如忠诚于共产主义事业且为之奋斗不息的千百万党员；小到企业中的人，比如公司的员工，无不成功于忠诚的品格！

我们总会涉及忠诚，比如亲情、友情和爱情，最核心的品质就是忠诚。那忠诚于什么呢？是忠诚于人，还是忠诚于事，抑或是忠诚于情？在我看来，就是忠诚于相互间建立的关系中所涉及的真理。古人有“父为子隐，子为父隐”之说，这都不是忠诚于我之所谓真理，而是忠诚于所谓的情感。这种情感的忠诚是靠不住的，一旦情感没有了，忠诚就随之而散。反过来，这种忠诚是否有益于情感的稳固呢？古今中外，结党营私者，拉帮结派者，山头主义者，没有几个获得善终。为什么呢？因为在利益面前，忠诚的品格就会受到挑战。他们的忠诚度是由他们获得的实际利益所决定的。而忠诚于真理却不同。在真理面前，忠诚所要捍卫的利益总是和真理辩证统一的。比如孝顺父母是真理，忠诚于这个真理就会无论如何也要孝顺，而若不是忠诚于这个真理，就会做出不同的选择。

忠诚有多贵？在自己遇到困难的时候很想有人帮助，尤其是自己一直以为某个人是自己的好友，应该可以帮这个忙的，而结果却是：哎呀，你怎么不早说啊，你看这事弄的。于是，你没有别的选择，只有憨笑，只有将苦涩咽进自己的肚子里。这时才知道这个人离你有多远，忠诚有多贵。

友情的忠诚之所以难有，是因为忠诚作为一种品格实在是很多人还不完全具备。我们对被邀请的帮助很容易满足，它是一种对友情存在的认同，这叫友爱。而忠诚却更多地体现为虽没有被邀请，却在真的需要帮助的时候，友人毫不犹豫地伸出援手。比如有人在背后诋毁你的时候，朋友会主动站出来维护你的声誉。

尔曰忠诚，是为品格，还是手段？其异者何？作为品格，当是忠于事而非忠于人；若为手段则是忠于人而不顾事。事常在而人常变，忠于事者不因人而废事，忠于人者则因人而变。尔曰忠于友谊，与人与事何干？忠于事者其品格必有忠诚之质，忠于人者必有见风使舵之性。故选择友人当选择那些忠于事者。当然，事与人并不是对立的，而是辩证统一的。

我们渴望友谊，更渴望忠诚友谊的深情付出。这样忠诚的付出使我们感到自己的生命和情感获得了令人幸福的延伸。但若自己为忠诚友谊而付出的情感在自以为爱的对象那里得不到所渴望的回应，那是何等的令人无奈啊！自古及今，钟情者必为情伤！终生得情者虽伤亦福，偶得情者，有始无终，看似福却是神伤。

我们选择忠诚于友谊的朋友，不仅因为我们有情感归属的心理需求，还因为我们有安全感的强烈需要。每个人都有内心情感的倾诉对象，一般情况下人们总是选择自己信得过的人，可能是亲人也很可能是朋友。如果没有自认为忠诚的朋友，则必走向孤独。忠诚于友谊者，不仅能够倾听，能够共享，还能够保密。

人们在交往中难免产生误解，面对忠诚的拷问无所适从：你说忠诚无欺，别人看到的感到的可能根本就不是那么回事。只有坚若磐石的互信才会不伤害彼此。

如果没有对情感的忠诚，所有的情感都没有价值。这种忠诚可以理解为依赖、牵挂、呵护、忠告等。在爱情和亲情中最容易看到，也最容易表现这种忠诚的美德。友情的忠诚相比而言显得更弥足珍贵，因为很不容易做到。

一个故事说，家里遇到了困难，兄弟二人出去托人帮忙，大哥去找那些曾经帮过自己的人，弟弟去找那些自己曾经帮过的人。结果是，大哥找的人帮了大忙解了困难，弟弟找的人个个都推脱说没有办法。这个故事令人深思。什么人对你忠诚？是那些爱你的人，还是那些你爱的人？显然只有真爱你的人才会真的对你忠诚。

懒惰和无聊是人的精神世界里的两大蛀虫，任其侵袭、蔓延必将万劫不复。所以，无论做什么事，不论结果如何都应取勤奋的态度。无论在什么情况下都别让自己闲着，即使是娱乐也别让无聊的情绪干扰自己的心境。从不懒惰的人必然有所得，从不无聊的人精神一定很富足。

自信的人一定有优越感，但有优越感的人不一定是真的自信。自信的人一定是自己实际拥有自信的资本，而有优越感的人却会把跟自己没有什么关系的外在条件也当成自己的资本。比如大城市的孩子比小城市的孩子有优越感，但是这种优越感所依赖的外在条件其实跟自己没有什么关系。

人可以有自豪感，但不可以有优越感。自豪感源于自信，是对自我的客观认识，包括对个人的社会地位、家庭环境、职业等的高度认同，是一个人能够将自我完全融入社会环境而产生的快乐的心理状态。优越感则不同，它让人既不能客观地认识自己，与环境的融合也是以自我为中心，常见那些作茧自缚者！

骄傲和自豪有没有区别？

一个人通过自己的努力，把自己的事情干好，比如考了学历，评了职称，实现了自己设定的目标，这是值得自豪的。因为在努力的过程中，一定要克服很多困难，甚至承受一些难以想象的痛苦。

骄傲则不同。它是基于“我行，你们不行”而得出的一个相对的概念。它超越了自豪所涉及的个体的范围。这就要问，你骄傲的资本是什么？因为我行你不行，因为我有你没有啊！这就是资本啊！

真的吗？

如果这样说，那么“行”和“有”的标准是什么？是唯一的还是自己设定的？

这一问，就很了然了。这种通过比较而获得的骄傲是没有意义的。因为没有前提和基础。人和人之间不能比，人的独立性特质决定了一个人特有的全部内涵。不能因为人长着同样名字的“零件”就随意比较，因为这些“零件”都产自不同的“厂家”。

那一个人就没有值得骄傲的东西了吗？当然不是，在人生价值实现的道路上，谁的价值大，谁就值得骄傲。因为人的价值大小并不仅仅看自己的强弱，还要看在多大程度上满足服务对象的需要。

这个为什么就值得骄傲呢？因为一个人不仅能把自己做强，还能够在价值实现的路上，把影响力做大。

或者这样说，能把自己搞好的人值得自豪，能把大家都搞好的人才值得骄傲。换句话说，一个人把自己做好，不算本事；把大家都搞好，才算真本事。

有一种责任叫守成，就是从前人那里获得的基础，在你的手上应该巩固和加强，而不是损伤乃至丧失。如果丧失，丧失的就不是原来的客观存在，而是自己的德性。崽卖爷田不心疼，就是针对这种不懂守成、不能守成的人说的。可能没有人谴责你，但你的内心将不得安宁。

人们常常用“高尚的道德品质”来评价优秀的德行，这往往让被评价的人感到“高大”，让旁听的人感到“伟岸”，总之是非仰望不能近其身。其实，这些高尚的人最本真的德行就是能够坚守“伦理公平”，只有拥有这样的品质的人才懂得感恩，常思回报，严于自律。高尚的品质源于平凡的德行。

坐在家里出试卷，十分冷，想到了给学生发一条信息，让他们注意保暖。快速的回应让我感到很暖心，分享一下。最好的回答是：嗯！谢谢老师，老师你也一样要注意自己的身体噢！工作别太累了。最温暖的回答是：谢谢路老师的关心，也希望我们的到来能为老师带来温暖。

德才兼备者定能成事，德强才弱者不会坏事，有德无才者不是麻烦，有才无德者或可成事，但质量如何值得怀疑。以此可知社会中多种现象的根源所在了。人的品质如何反映家庭的育人环境，才智如何反映学校的培养能力，成事如何反映社会的发展状态。有才无德者得势，社会遭殃必不远也！

懂感恩、会感恩及能感恩并不是同一个意思。懂是知道谁是对自己有恩之人，就是俗话说的一个人要晓得好歹；会是知道自己用什么样的方法感激别人恰到好处；能是自己有能力回报他人的恩情。因此懂、会、能三者缺少任何一个都不是懂感恩之人，但关键在懂，一个不晓得好歹的人是不会有人帮的。

懂得感恩是一个人基本的品德，重要的不是感恩的行为，关键是“懂”。一个人受了人家的恩惠，人家不一定就要被感激，但如果自己并不懂得人家的恩情，若无其事，这要比不感激人家更伤害人的感情。因为懂得了人家的恩情就会自然地给人家肯定的信息，哪怕是点头微笑也意义非凡，而不懂则会用否定信息伤害人。

有的恩情只需一个感激的符号就可以回报，有的恩情需要一定的物质形式进行回报，可有的恩情是要用一生的努力才可以报答的。比如那些为你的前程指明方向并扶上马送你一程的人，就是需要用一生的努力去报答。宁送一座山不指一条路，说的就是指路对于人生的价值，许多时候这是父母也不能做到的。

真的，我无法理解在这里读书四年，相处四年，却在毕业离校时一点声音都没有就走了的人。以后再见时怎么说？怎么说才显得不虚伪？这样的为人品质何以在社会上立足？有什么理由可以获得一份社会认同的职业？呵呵，孩子嘛。我们当他是孩子，可社会不等待他成长！

有人说现如今“道德滑坡”了，谁还讲道德？让我感到疑惑的是，道德原来的“坡”在哪里？如果原来的坡就不存在，“滑”从何来？又会滑到哪里去？别人讲道德是“我”应该或能够讲道德的理由吗？我们倒是常见到这样的事实：你只有对“我”讲了道德，你才是道德的。

我的自卑有什么不好？因为感到自己还有太多的不足，所以能用温暖的胸怀迎接所有的光明。你的骄傲有什么好吗？以为自己懂得很多，就一叶障目，自傲乃至自闭，在自我的世界里感受越来越冷漠的自己。一跤跌在阴雨的泥沼，就以为从此不再有明媚的阳光，这种可怜的想法和认识说到底不过是唯我独尊者的臆断。

读书多了为什么会骄傲呢？这就像追问行业师傅为什么常常会骄傲

一样，其实答案很简单，因为他们自认为掌握了技术的制高点。但不同的是，行业师傅通过自己的技能可以养活自己，骄傲还多少有些底气。而读书多并不能解决所有的问题，就算拥有再优秀的成绩，再高的学历也不能让我们的人生永远一帆风顺。尤其令人悲哀的是，那些连自己尚且不能养活的读书人，却因为自己读了一点书，就摆着孔乙己的架势，到处炫耀，实在是让人匪夷所思。读书多，是自己的事情，读书首先能养活自己，这是其基本价值，然后能通过自己的劳动把富余的能量作用于社会，这种读书方显其价值之大。但即使如此，也不值得骄傲或显摆，更不能因此瞧不起他人。

城市堵车很多时候堵的不是车，而是人的品格。有些人为了自己走快些横冲直撞，旁若无人。停车，拐弯，掉头，就像骑自行车一样随心所欲，结果是损人不利己。唉！大家堵才是真的堵！哥堵的不是车，而是心情！

即使是一颗不起眼的小草，也须长在有营养的土地上。因此，个人能够获得的任何荣誉或成绩都离不开自己所生存的环境。自己的努力固然起着重要作用，但若没有环境提供必要的条件，一切都不可能。说到底，这个世界没有人欠我们什么，带着感激的心情生活理所应当。

孤独不是形单影只的独处，而是振臂一呼应者全无的痛苦体验，是容易得到掌声却无人真懂心声的尴尬苦闷。但这毕竟是令人兴奋的，因为只有愿意思考的人才可能意识到自己与别人的不同。如果说思考使人成长，那么，只有体验了孤独才能感受成熟。

没有认同，没有回应，深感无助等心理体验常常让我们感到孤独，有许多表达失恋的哀伤之歌就是对孤独的渲染。这种对孤独的渲染常使人害怕孤独，尤以青年为最。其实，孤独是人性的本相，是人生成长的台阶。弱者在孤独中消逝，强者则在孤独中永生。

想所有能想的人，拿起手机，却不知道该对谁说你好想他（她）。因为你并不知道，他（她）是否会接受或认同这份情感，更不能确定，此时此刻，他（她）会不会也和你一样想到这份感情。如果是友情，说出来，会担心让人多少感到有些油腻；如果是爱情，说出来就没有了灵犀；如果是亲情，有几个脱离童趣的人还在流连忘返于父母的怀抱？

其实，人就是在这样的无奈中，感受到孤独的。当自己有一份情感却感到跟谁说都不合适、都没有勇气的时候，孤独，便悄然而至了。

其实，一个人在奋斗的过程中，如果从没有或不愿意有孤独的状态，是一定难有作为的。孤独只是一种状态而不是一种态度。作为状态，谁都难免，要是作为一种态度，就一定可以选择和避免。因此，以孤独的态度生活的人如果不是遇到了重大的创伤，那一定是自我意识的疯狂膨胀。

有一首歌这样唱道：不喜欢孤独/却又害怕两个人相处/这分明是一种痛苦/在人多时候最沉默/笑容也寂寞/在万丈红尘中啊/找个人爱我。我认为这是一首描写孤独的心境十分上乘的作品，因为它把一个人孤独的心境抓得很准。其实，人们生存的整个轨迹，是从不懂得孤独，到体验孤独，再到害怕孤独却又无法摆脱的过程。最后，只有认识孤独并愿意与之为伴甚至需要它的时候，一个人才可能真的知道了人的境界。为什么这么说呢？不懂事的时候，我们不懂得什么叫孤独，有同伴在一起玩就可以使自己的生活变得斑斓。和玩伴在一起我们无话不谈，因为我们还没有秘密。渐渐地，我们需要倾诉了，然而我们却发现，我们的倾诉并没有人懂，我们需要有一个人来理解我们，这时，我们就开始体验孤独了。青春时节，许多人把摆脱孤独世界的希望寄托在爱人身上。遗憾的是，他们的爱人并不一定就如他们所希望的那样理解他们，这时他们会发现，爱不一定能解决心灵深处的孤独。生活的阅历会逐渐告诉他们，其实，孤独才是一个人最高的境界。我们每个人都会有自己独立的心灵空间，不必寄希望于别人来理解它，这个空间只属于自己，只要好好经营它，就会获得一份安静，心就会在需要的时候静下来，找到真正属于自己的港湾。在这里我们不会害怕，不会寂寞，会找到前进的动力，生活的勇气。孤独不单纯是形式上的，所以，孤独的人并不一定是没有同伴的人，或许他有很多的朋友，但他是孤独的，这只有他自己知道。偏激一些说，所有的人都是孤独的，只是由于人们的素养不同，对待孤独的态度不同罢了。

没有人能够让所有的人都喜欢自己，一方面因为人本来就是多面的，另一方面也因为人不可能只给所有人看他的一个面。人们总是通过不同的事件揭示人的不同侧面，而在不同事件中人的表现不同。即使是恶霸，他的同伙也会为之叫好，只有受害者才会恨之入骨。

有这样一种人，他们一直活得比较累，值得怜悯。他们是社会和他人的义务监督员，这是好事，社会和他人都需要。问题是：第一，他们带着大倍数放大镜，看到一点污渍就牢骚满腹，气这愤那；第二，他们一气之下同流合污，“我要是不这么干不吃亏了吗？”

专业素养与文化修养之所以密切关联，不仅在于专业的形成与文化的形成具有近似的路径，还在于专业素养往往以文化的形态呈现给世人。因此关注个人修养的人不能不进行文化的修养，不能不关注专业素养的培养和锤炼。

专业技能与专业素养是不一样的。专业技能只是操作层面的能力，是专业素养的一个方面。专业技能只是一粒种子，如果没有合适的土壤就没有生命力。而专业素养则既是种子又能够为其提供生长所需要的土壤环境。

最近一段时间，经常听到这样的案例：说自己之所以没有学好或没有做好，是因为身边的同学都在玩，自己也被带偏了。对于这种不能摆脱环境中负能量影响的人，我想说：别人犯错误不是自己也犯类似错误的理由，不要将自己被别人虚度年华的灰尘埋葬。真正的友情不是迁就朋友的负能量，而是要用正能量去感化。如果你对自己不狠，你将一无所成！反过来说，你的所有收获，都是通过对自己的严格要求获得的。

今天是个普通的日子，但对我而言却有所不同。因为今天我受了推举，承了信任，任了代表。二十年的追寻有了结果，是不是该高兴？朋友说：神经！我没有神经，为自己的信仰而奋斗是我最幸福的追寻。我无所谓是什么，我只想尽力做点事情。尽力而为，尽心付出，足矣。非如此不能得之不喜，失之不忧。

什么是坚定的信念？

如果人没有坚定的信念会如何？

我们站在地球上，相信地球不会将我们抛出去，有了这个相信，我们就会心中踏实。这个相信，就是信念。

一到假期，我们自然想着回家，相信父母不会抛弃我们。回到家，就会觉得安全和温暖。这种感觉源于父母对我们的深爱，也源于我们内心长期以来形成的对家的相信。这种相信，就是我们内心的信念。

因此，所谓信念，就是那种在我们的内心形成的，对于人和事坚定不移的信任的理念，它是我们内心感到稳定和安全的底线。

所以，人们一旦发现心中的偶像不是自己信任的那样，就会感到崩溃。是什么崩溃了？是某种信念崩溃了。

所以，人们一旦发现心中的信仰不是自己所期待所信任的那样，就会在思想深处发生塌方。

信念没了，我们就真的生活在了风中，没有安全感，没有归属感，甚至对什么都不会轻易相信，自然会悲从心中来。

常听人说“信仰危机”，我很不理解。是谁危机了？孔子说，我欲仁，斯仁至矣！这不就是说信仰其实是自己的事情吗？由此推断，所谓信仰危机，其实是自己的危机，是自己不想有信仰。自己不想有，别人有什么办法？

有人说我们现在面临信仰的危机。这其实是一句笑话。信仰不能当饭吃，也不是作为现实存在物的人所必需的，其存在的隐蔽性更是看不出人们之间有无信仰的差异。如果人们的现实生活磨灭了现实期待，人的信仰的有无就变得无足轻重，何来危机之说？不过是理论家们为了做完一篇文章所做的假设。没有信仰的危机，后面的文章从何说起呢？倒是这种舆论的误导使人们产生了一个莫名的困惑——都危机了，怎么也没有看出危机带来的恶果呢？

一个人会有什么信仰，至少有两个原因。一是他内心对于现实的期待。比如对于社会状态的期待，就会有各种主义的选择，从而有相关的信仰。二是现实生活实践的影响，或顺应现实的发展选择为人们公认的，或因为对现实不满而选择为人们所质疑的。

就信仰的坚定性而言，前者所形成之信仰更加坚定，而后者则可能因为现实的变化而变化。顺着这样的思路，我们不难得出结论：一个没有期待的人是没有信仰的，即使有，也可能会发生变化。

坚持真理不容易，有时还要付出一定的代价，国家如此，个人也一样。一个人要坚持真理看起来很容易，问题是，个人要坚持的真理常常和生活在同一环境中的人发生联系，我们无法保证他人也坚持自己信奉的那个真理。比如，我们坚持不欺负别人，即使被欺负了也没有关系。但有人却不是这样，为了自己的或与自己有关的人或事，只要有机会能欺负别人以显示自己的地位或权威，就会毫不客气地将别人踏在脚下。这个时候，你要坚持真理，就要斗争，甚至付出一定的代价。只要坚信，从来都是邪不压正，最终一定会胜利！所以，即使付出一定的代价，也不必后悔。拥有真理值得骄傲，捍卫真理就是英雄！

所有的经历都是养分，现在再来重复这句话，更加认同。因为新冠肺炎疫情在家里宅着，不能出门，很多人待不住了，有大喊大叫的，有高声歌唱的，诸如此类吧。可以说，凡是没有享受过孤独的人，这个时候对他来说就是煎熬。

家是什么地方？睡觉的，吃饭的，情感的港湾。嗯，都很美妙。可是如果没有享受过寂寞，家，也待不住。

这样窝在家里，着实让人闷，但又有什么时候会像现在这样，可以心无旁骛地做自己想做的事呢？既配合国家抗疫，又干好自己的事情，还能分分秒秒与家人在一起，多好！有病的治病，没病的干活，该干什么干什么，有啥想不开的？

所以，对曾经享受过孤独的人而言，现在这样真不算什么。人生，经历就是养分。此言有理！

我们可以有很多情绪，比如生气、不满、抱怨等，但千万别有嫉妒的情绪。因为嫉妒，会扭曲我们的内心，而且这种扭曲一定会表现出来。比如，看到别人比自己好的时候，如果没有嫉妒，就会真诚地给别人点赞，为别人高兴。而有了嫉妒，往往会干出一些令人不齿的事情来，如造谣诋毁，拼命压制，打击报复，等等。也就是说，嫉妒情绪一旦发生，可能会给自己生出一个仇人。这种损人不利己的事情，除了害人害己，没有别的收益。

人生，想要拥有一个朋友，需要用自己全部的人格来争取；而要树立一个仇人，只要心生嫉妒就可以了。

快乐时别人与你一起笑，悲伤时别人与你一起哭，这是不是分享？快乐可以分享，大家乐意和你一起玩到天亮，反正你付钱。悲伤时呢？大家会说，“我们走吧，让他静一静”，“你多保重，别想不开”。于是，人都走了，只剩下一个悲伤的人……事实也是，心痛的程度只有自己知道，谁能真正体会呢？这让我想起我组织的大学印记之文化苦旅，漫长的徒步跋涉，虽是一群人同行，但每个人对徒步的感觉却不同，无论是痛苦还是快乐都是自己内心的孤独体验。人生就是一次漫长的旅行，无数的同行者不过是你生命中珍贵的伴客，他们可以帮助你却无法体会你内心的孤独感受。这就是人与生俱来无法驱离的孤独。

人生的奋斗犹如微博的更新，如果自己不勤奋，不努力，不更新，即使是粉丝也会渐渐地从记忆里将你删除。

自我悦纳的自信推动人努力地在社会环境中奋斗。奋斗促进分化。获得成功的人更加自信，没有成功的人一部分谩骂环境如何不长眼，逐步走进自以为是的怪圈，另一部分自信心受挫开始与自卑言和。于是我们在社会上可以看到三类人：得瑟的、抱怨的和没有追求的。

有一种人的自信令人费解：他们的自信源于自己的脑子里装满了他们认为有意思有价值的知识，尤其是当他们发现这些知识自己知道而别人不知道的时候。连这个都不知道，切！在他们那鄙夷轻蔑的目光中，听者是连地缝也来不及钻的。人们不禁要问，当我们都被烧成灰以后有什么两样吗？

自信的人不一定幸福但一定快乐。自信至少可以让他们在自以为是的层面找到自我的世界，即使全世界都不存在对他们也没有太大的打击。而人能够获得自信一是源于对外部环境的认同，一是源于自我内心的悦纳。单有前者易患虚荣，单有后者易感悲壮，两者结合才最完美。

谁都知道温水煮青蛙能够置青蛙于死地的道理，但在现实生活中却很少有人对自己正处于某种温水中被煮的境遇产生本能的警觉，结果是被现实的温水煮杀了。

还有一种现象，与温水煮杀有同样的功效，那就是一个人的自以为是。从表面上看，这好像还是一种自信，其实不然，自以为是的行为中常含有对建设性意见的不屑一顾，对自己的见解的顽固坚持。因此，这种温水的煮杀，在某种程度上是一种自杀。

有这样一种人，他们以为自己很聪明，很清醒，对什么都能说上几句。如果有人听信什么，他们就会很神气地说，“哈哈，你被洗脑了”。一个没有被洗过脑的人，还是人吗？其实，这些人是在说，听我的，你就对了，否则，就是错的。见过自信的，没见过这么几近狂妄而厚颜的。

有人说：“这世界有什么可以让我相信的？”呵呵，请问你相信你自己吗？相信你的亲人朋友吗？相信今天的世界无论你信与不信都在快速发展吗？你还需要相信什么？或者，什么是你不愿相信的理由？你需要一个理由不相信还是需要一个理由相信？

我好像也发过火，但我知道这其实是能力缺乏的不自信的另一种表现形式。在学生的眼里，或许老师的愤怒不过是恐怖片主角的表演，徒有形式。但冷静下来自责的时候，我们会慢慢成长。

有一种愚蠢是因为无知，这是可以原谅的。比如婴幼儿，他们的愚蠢常被宽容。

还有一种愚蠢是因为自以为是，这是不可原谅的。

或许有人问，我不自以为是，我何以坚定我的行为？正是因为我自以为我的观点、选择等是对的，才会笃定我的行为啊?！在这一点上讲，谁不自以为是呢？

古人云，兼听则明，偏信则暗。这就是针对自以为是的行为提出的警告和良方。

因此，我们说的自以为是所导致的愚蠢，与我们一般的对于事物的认知、行为方向的判断等表现出的不同在于，一个是在认真求证的基础上形成的自信，一个是唯我独尊，“老子天下第一”的执拗，或者叫偏执。

青春期的逆反，中老年时经验主义的固执，都可能是这种愚蠢的自以为是产生的温床。

所谓自觉就是自我觉悟，就是自己能够在不需要他人督促的情况下主动地完成自己承担的责任和义务。学生的自觉就是能够在没有他人督促的情况下主动完成作为学生在成长过程中应尽的责任和义务。比如学习、关爱、孝顺、团结等。没有比自觉更令人骄傲和放心的美德！

自觉的美德有两种常见的形成路径。一是顿悟，某种外在的刺激使人突然醒悟，让人产生忽然长大的感觉。这是需要机遇的。因此这种自觉多体现为本能的觉解。二是养成，即通过长期的行为习惯的培养在实践中自然地觉悟。因此，只有理性的自觉才能真正彰显教育的魅力。

还可以更进一步地认识自觉性的美德。觉就是觉悟、觉解，对于学生来说就是对自己的成长产生的深刻的认识。就行为看，有被动的自觉和主动的自觉之分。前者可以在随大流的有纪律约束的情况下做到自觉，而后者则不需要任何外力。因此，前者是浅层次的本能的自觉，后者是深层次的理性的真正的自觉！

活着不累的秘诀在于对现实的超越。尤以做自己喜欢的事情，不在乎他人的评说，只看重自己内心体验的生活方式为最。如果这件事不仅能够满足自己的兴趣，还能解决生计问题，则这种追求堪称是最美好的。其实，许多时候人需要诗意地栖居在自己构建的现实世界里。

有时候我们会觉得很累，不是因为精力的消耗使我们体力不支，而是因为精神的耗损让我们难以支撑。比如被他人漠视引起的愤懑，自以为是却无人认同的孤独，遭遇挫折却很无助的失望，空有雄才大略却报国无门的苦恼，等等。这种累所以痛在于它损耗着我们生命的质量。

有机会得到他人的恭维式的赞许，是一件快乐的事情。但其后应该想想，这种赞许我们自己可以承受吗？要知道他人之所以这样做原因有很多，有时是为了活跃气氛，有时是为了表示尊敬，有时难免是因为有所求。但夸人者总是不受指责的，关键在自己内心的定律。

当一切都安静下来，独自坐在台灯旁，想想这世上有几人真的很在乎你，没有任何条件地在乎你，你就会知道自己心灵的归属地有多大。心灵归属感决定着一个人的安全感和幸福感，所以一个人的人际关系不仅仅可以照见人的品质和能力，也能在归属感的层面反映人的心理健康状况。没有归属感的人心理健康是受损的。

如何认识人、评价人呢？不够成熟时我们常常是单纯地用某个时间的某一件事来判断一个人的品质德行，这显然是不合适的。有时又因为是我们身边的人，我们的朋友，我们的亲人，我们从内心对其充满期待，所以又容易因为某件事而误判其德行。识人之难由此可见一斑。但通过一些事反映人的某个侧面是一定不会错的。

表扬别人一般需要列举事实，不能空口无凭，列举的事实需要与结论相匹配，不能头重脚轻、帽大人小。若非如此，要不是有意捧杀，让人难堪，必是词穷所致。

“我从没有见过像你这么好的人！”对于听众来说这个判断至少可从两个角度来解读。一是被夸奖的人真的很好，好到不好找，好不容易才碰到。若是真的，听众们都点头称是。二是“我”这个人实在是见少识窄，连这样的人也说好。所以，人们一般吝啬表扬。

世界万物皆为立体，必有优点也有不足，所谓金无足赤人无完人，阳光下的事物一定既有阳面也有阴面。用之者当用其所长避其所短，看之者当赏其优长谅其不足。做人当相互体谅，努力避短扬长，勿因己长而责人短，勿因己短而妒人长。人非修身自强不能成长。

生活中人们总是通过不同的途径拓展自己的现实视域以放松身心、健康体魄、愉悦精神。如有人乐于关注与生活关联紧密的消费，有人乐于讨论自己的理想。这本无可非议，问题在于常常有人把“苍蝇”当“大象”，抬举那些社会渣滓，赖在地洞里却抱怨没有阳光。这实在令人费解。

能否得到表扬和激励是一个人确认自己的行为是否正确有效的重要信息，因此，无论何人都不会拒绝表扬和激励。聪明的人不论是当领导还是做朋友都善于运用这种信息。经常得到这种信息的人就会充满自信，否则便可能会滋生自卑、桀骜不驯、愤怒等负面的心理品质。

人们为了生存需要在现实生活中与各种人和事打交道，难免伤及自己，如果没有一处纯净的心灵空间作为港湾，就会被现实的污泥浊水淹没。因此，人所以为人就在于无论何时何地在何种生活状态下都能拥有一个纯净的心灵之所。只有在这里才可以找到人的良知。

上天给予人两样东西：一是肉体，二是精神。肉体的给予通过两性的爱情，且不管这种爱情的深浅，可谓大方至极。而精神的奉送却是吝啬的，只有那些乐意接受且身体力行，勤奋努力不断追求甚至舍生忘死之人才可能被点化，得其真意于万一。

自尊与好胜，是两种常见的品性。

一般来说人们对这两种品性都有了解，少有加以区分和评论的。事实上两者既有区别也有联系，能区分最好，有益于自己的品质修养。自尊，也叫自尊心，是一个人自我要求严格，不甘落后，力争上游的良好品质。这一点，好胜的人从表面上看也如此。

但在具体的做法上，在涉及他人的利益时，就能看出其中的差异。自尊的人刀口向内，严于律己，努力拼搏；失败时，也不迁怒于人，总是自我反思，加大力度改变自己，使自己不至于落后，能处理好个人和他人的竞争关系。好胜的人却不同。他们总是要比周围的人强，不强就不行。在具体的做法上，他们一方面严格要求自己，另一方面往往又嫉妒别人的进步，甚至对他人比自己好不能容忍。更有甚者，对比自己好的人采取卑劣的手段加以陷害。所以你是自尊的人，还是好胜的人，反思一下，或许有益于身心健康。好胜要不得。

有时候，我们会做一种梦，特别是在自以为能得到别人欣赏或帮助的时候，以为有了一个欣赏自己的人帮助自己，一定能实现自己的梦想。

但事实是，很多时候这终究是一个梦。

世界上没有无缘无故的爱，也没有无缘无故的恨。别人对你的任何一种欣赏，如果不是非功利性的，就是功利性的。非功利性的欣赏，自然不会给你带来功利性的追求。而功利性的欣赏一定是在欣赏你的过程中实现了他的功利性追求，可你还企图在这个被欣赏的过程中获得自己的功利，岂不是笑话？

人是怎么死的，看看他是怎么活的就可以大致知道。比如因为“三高”而死，虽有遗传基因，但与本人的生活习惯也密切相关。不能熬夜，他偏要熬夜；不能吃高脂肪类食物，他偏爱吃。一看到烧烤就不想走，一摸到游戏就放不下。诸如此类。结果，“三高”如期而至。

因此，关注自己的现实状态，就是关注自己的未来，把握好当下，就是把握好未来，一点也不夸张。

有一种思维方式常常是以遮蔽现实为起点的，“谁不如何如何”的句式就比较典型。大学生谁不谈恋爱？谈恋爱谁不同居？谁工作不是为了钱？诸如此类。反驳这样的句式只需要一招：您调查过吗？

而思考这样的现实既需要正确的三观，也需要正确的方法。正确的三观以善为出发点，正确的方法以尊重事实为出发点。如此我们就基本能够规避那些影响我们判断的障碍，获得正确的答案。

影响我们适应新环境的因素主要有两个。一个是我们自己，这是关键的方面。因为我们在没有到一个新的环境前一般都有先验性的假设，或叫心理上的先入为主。这个先入为主，一般都会影响我们对新环境的客观判断，从而影响我们走入新环境的步伐。比如，我们的假设和期待是好的，一般都会如此，不好我们也不愿意去啊。但客观的环境以它稳定的姿态存在那里，不会因为我们的先入为主而发生改变。当我们的假设遇到现实挫折的时候，就会因为心理挫折感而放慢脚步，甚至停下脚步。因此，影响我们适应新环境的不是客观环境本身，而是我们自己的美好期待。

另一个是客观环境。环境固有的稳定性、客观性不会因为我们而改变。宽松的环境容易接纳新的事物，而不够宽松的环境则对新事物有一定的排斥性。因此，有这样一句话，“改变不了环境，就改变自己”。这不失为一种适应新环境的应急办法。当然，如果一个人很固执，坚决不愿意改变自己，那就只有一条路：告别。所以有一句话：此处不留爷，自有留爷处。

但这种因不愿改变自己而拒绝融入新环境的做法对于大学新生却不适用，新生会因为来自五湖四海而面临一个共同创造新环境的任务。学校的环境相对来说都比较宽松，为大学新生快速融入提供了很好的条件。大量事实表明，大学新生的不适应大多源自小环境，即宿舍的小环境没有营造好，不够和谐。

语三　情感与友谊

按语：人们在生活的实践中，总会产生一定的情绪，当这种情绪与一定的对象相联系时，就会产生相应的情感，这是很奇妙的事情。比如人种花，在种花的过程中会有各种情绪产生，像期待、高兴、感伤等。久了，就会对花产生良好的感情，进而喜欢所有类似花的事物，对自己种过的花更是喜爱有加。人际交往中，也会产生各种情绪，进而产生各种情感，其中友情最为美好。

青年大学生对情感的认知多停留在自然的状态。有，源于自然的产生；无，因为本来就没有过。这是一个人情感的原生样态。当然，很少有人因为生活而专门研究情感。玩得来就玩，玩不来就结束，这种儿童时代的情感经营方式会伴随人们很久。也正是因为如此，很多人在情感的体验中常常有着各种不同的愉快或不愉快的经历。

事实上，任何一种美好的情感都需要认真地经营，即使是亲情也如此。理由很简单，因为情感是双方共同营造的结果。如果不给以必要的呵护和管理，再美好的情感都会失去原来的光彩。

人的情感对行为有极大的影响，所以，培养良好的情感对自己的成长具有不可替代的价值。良好的友谊有益于良好情感的培养，大学时代是人生培养友谊最佳的阶段，应抓住在大学期间的美好时光，与身边的同学建立良好的友谊。

与人交往务必不能自作多情，从心理学上来说，自作多情容易产生光环效应。当有一天这多余的情破灭，就会自己伤了自己，平添诸多烦恼甚至怨恨。友情如此，爱情亦然。

内心有追求，就会有很多梦想。对于事业而言，这种梦想就是内在的强大动力；对于人而言，就有可能是自作多情的推手。梦想会自生很多美好的愿望，这种愿望又会主观地寄托在自己所倾慕的对象身上，即使他没有，但自己希望他有，相信他有。结果可以想见，本来人家就没有，都是自己通过想象强加的，所以自作多情总是伤人伤己。

生活中人们常常自作多情。因为内心都有对于美好的追求，幸逢美好谁愿意轻易放过呢？即使被拒绝，也心甘情愿，只是自己的内心别悲情就好。尽管被自己所倾慕的人拒绝，但对于自己来说，那也是一种美好的回忆。用心灵触摸了美好的爱，可能短暂，却很幸福。只是为了安全起见，要告诫自己以后别再这么浪费感情。

自作多情者会遭到两个人的悲怜。一是那个被倾慕的人，他（她）是因奇怪自己还有这么一个人爱而生悲怜之心。二是醒悟过来的自己会因觉得难堪而生悲悯之情。这种情感发生的程度与自己投入的深度成正相关。

精心打扮一番，走在熙熙攘攘的人群中，总觉得有很多人在看自己。其实，并没有太多人在看自己，只是自己借助想象的翅膀，杂糅自己的期盼，主观地解读着别人的目光。所以别人目光的善恶是由自己内心期待的纯度决定的。

突然很想你，所有的过往成电影，历史的脚步成瞬间，一个个镜头成胶片；低谷时你在谷上喊，光鲜时你在身旁站，每一个微笑都温暖，每一个眼神都能将心头的乌云驱散；相伴虽短，却情感万千，相知绵长，此生无憾！

当好友之间产生了思想上的冲突，应该服从谁？很多人以为应该服从“我”！结果可能是丢了友人。其实，应该服从由双方共同建立起来的友情，也就是服从正确的一方。只有这样才能确保友情的纯洁和永恒。否则，友情可能就会成为“为我服务的婢女”。

父母的爱可以享受，不可以沉迷，沉迷获得的是溺爱，溺爱成就愚蠢的人格；朋友的爱可以分享，不可以享受，享受获得的是疏离，疏离塑造怪异的性格。

在情感中，有一种悲凉叫信任缺失。

无论是亲情、友情还是爱情，当一个人意识到自己不被对方信任时就会被深深地伤害。无论这种不信任是因为什么，结果都会如此。

怀疑的目光，否定的词汇，有意的回避，疑问的语气，诸如此类，都可能会承载着不信任的情绪，被对方捕捉到。而一旦被捕捉到，就会在对方的心灵中烙下伤痕。彼此的心理距离由此开始产生。如果不注意补救，就会使彼此的关系逐渐疏远，直至分开。

在人际交往中，有两种交往是不争的事实，即成长性交往和消费性交往。

通过交往，使自己获得快速成长，既有益于自己的身心健康，又有益于朋辈之间增进感情，提升友谊的品质，这就是成长性交往。

还有一种交往，不是有益于成长，而是以近乎消费的方式，既消耗健康，又消费朋辈的时光，毫无益处。看起来热热闹闹，每天都有人请吃饭喝酒，却不知道这种温水煮青蛙的方式其实是在消费自己，这就是消费性交往。

减少甚至杜绝消费性交往，更多地开展成长性交往，是我们每个人都应该努力的方向。

因为，交往是人类生活中必不可少的行为方式，在交往中潜移默化地接受影响是必然的事情，选择有益于自己的交往方式是对自己负责。

人与人之间产生良好的友情，基本的路径大致是这样的：相互的认同（最高达到相互的欣赏）—相互的信任—相互的依靠（即相互帮助，彼此抬举）—相互的忠诚（友情的最高境界）。

根据这个路径，我们可以检查自己和他人还有多远的距离，是什么原因造成了这样的距离，如果自己很愿意成为别人的朋友，应当如何做。

比如，如果你觉得你身边的人对你缺少忠诚，就可以检查一下，你们之间是否建立了相互的认同和信任关系。如果还没有，忠诚何来？

由此展开，爱情，如果没有达到忠诚的高度，不过是一次自我感觉良好的苦旅，酿出来的苦酒只有自己喝了。

还有一些人一直期待能遇到知音，这种美好的追求令人向往，但现实往往是“知音难觅”。也可以通过这个路径看看自己情感的花朵凋零在哪个环节。

从情感的开始看，亲情、友情、爱情哪个也不能与个体的需要分开。正因如此，我们对情感的追求、拥有、维护都应采取客观的态度。平和的心态有益于处理情感中可能产生的大喜大悲。人们心灵的伤痕无一不与情感的挫折相关，所以慎重对待情感有益无害。

因误解而失去朋友，只能在一次次回忆中品尝心痛，他日相逢，还会有曾经的笑容吗？什么样的误解会让你宁愿割舍美好的友情？收获一份真情多么不容易啊！可人生常常就是这么无奈……

亲情与生俱来，所以是我们的精神家园，即使埋了，也要年年祭奠。友情因成长而来，是我们需要吸收的养分，所以恰到好处最好，多了伤自己，少了瘦自己。那么，爱情呢?

一次次下意识地打开手机，却看不到想看的信息，看到的只是一个熟悉的符号。可以想起很多事很多人，却只能在记忆里寻找一点一滴的愉悦感……于是，在回忆里逃避了孤独，在精神的世界里享受了幸福……其实，与其说这是一种爱的情感，不如说这是一种特别的寂寞。恋人和老人常有这种情感。

有时候会莫名地想起很多的过往，美好的和难过的，都会让自己难以入眠。难过的故事让自己长大，不再是难过的不敢正视那些伤痛，而是可以平静地甚至是自嘲地回忆它们。美好的故事也会让自己心痛，是不舍的痛。纵然不舍，也随着时间的流逝成为不得不尘封的记忆……人会有来世吗?

有时候我们会带着善良的愿望与人相处，以为别人会和自己一样为了这份友情真心付出，然结果可能与我们的愿望相距甚远，不被别人利用已是万幸。伤有多深唯自知。于是有人告诫我们，这年头，别轻信任何人，谁都不靠谱！其实可能也没有那么坏，只是与人交往时别在感情上有太多期待。

大哥假期回家参加同学聚会，不想把宝贝手机丢在了出租车上。一位后来坐上这辆出租车的人捡到后顺着大哥打过的电话一直打，终于找到一个接了电话的朋友，大哥的朋友驱车走了很远终于拿到了手机。更感人的是这位不曾谋面的人居然为了等来拿手机的人改签了列车的车次。人间处处有真情！

顺畅的交流是人际交往中非常重要的环节，许多时候我们之所以没有良好的人际关系源于我们没有良好的交流。

什么才是良好的交流？简单地说就是：专注地倾听，及时地回应。

有时候有的人在和他人交流时是很不专注的。专注的典型表情是，面对面时眼睛正视对方，并排时能及时侧视对方。及时回应可以是语言也可以是表情，没有回应的交流是会中断的。

有的人在和他人交流时，喜欢滔滔不绝地表达自己的观点，或随意打断别人的发言，或左顾右盼，漫不经心，这些都是顺畅交流不可能发生的。

如果所有的人都懂得珍惜，拥有的就不会浪费。人们习惯于珍惜看得见的事物，而无视看不见的存在。时间和情感尤其如此。

有人说，不要爱别人，因为那样会受伤。也有类似的哀婉动听的歌，哭诉因为爱而受伤的苦痛。真的如此吗？事实好像不容争辩，因为真的有很多人因爱而受到心灵的伤害。可是，这不是一个奇怪的悖论吗？一边狂热地不能自持地去爱那个人，一边又可能因爱而伤了自己。不爱不行吗？当然不行啊，人就是讲爱的动物，没有爱还是人吗？其实，所以受伤是因为对爱的对象有期许，放下这个期许，自然不会受伤。

人们常常会以为那些自己深爱的人一定会对自己有同样的感情。事实往往如同父母的溺爱，得到的常是不孝。亲情尚且如此，若生活中遇到类似的事，当有心理准备。既然自己爱的真诚，就无愧于心，何必在乎是否得到回报呢？从此对不懂得珍惜的就少给点，对懂得珍惜的就多给点，这样才不会浪费感情。

难道有真爱的人就一定会去珍惜那些不能拥有却又存在的爱吗？为什么非要是“一定会”呢？一个懂得珍惜真爱的人难道不是一个有情怀的人吗？不是一个懂得珍惜“好”的人吗？不是一个值得爱的人吗？我们以此判断那些不懂得尊重爱的人很难得到真爱并非没有根据。不识“好”者何以成为好人？

人需要有一种胸怀，能够包容和接纳不同的胸怀。

人与人之间有各种思想认知上的分歧，能力强弱的差异，生活方式的不同，这本是人之常情，客观存在而不可避免。人与人相处就要学会相互接纳，相互包容，尽可能地相互认同，甚至相互欣赏。这就是对一个人的胸怀，也是对一个人的思想、情怀、度量的检验。

现实生活中，我们常常听到人们在背后议论他人，这些议论一方面在表达不同的意见，另一方面也是在呈现自己的胸怀。对于他人的议论，你接纳了多少，反对的是哪些，欣赏的是什么，这些都是个人胸怀的体现。当然，不能简单地归结为是一个人三观的外在表现，尽管这反映了人的三观。

比如文人相轻，相轻的文人三观可能都没有什么大问题，可为什么还会有相互轻视，甚至轻蔑的现象发生呢?

引起这种轻视的，并不仅仅是三观的差异，还有个人的胸怀。如果文人们能够相互认同各自的差异，正确对待这种差异，甚至认识到正是这种差异使相互间的补充成为可能，使彼此的需要和依靠成为可能，就不会简单地彼此轻视，而是主动地合作。

说到底，这种胸怀，应是一个人品质的反映。具有良好品质的人，总是乐于包容，善于接纳，勇于认同他人；而品质修养不够的人，在现实的生活中，难以经受住各种考验，会产生各种狭隘的言行。

如何让自己有宽广的胸怀，还是要从修养自己的良好品质开始。

表达能力可能是一个人与外界交往的首要的能力，也是一个人说明自己的重要能力。在生活中，常常会产生一些误会，有时间凑巧的因素，有其他干扰的因素，更有表达不准确的原因。好心必须与好行相配合，才能有好结果。

因此，好行就特别重要。行为要规范，要有社会性。否则就不容易被人理解和接受。正是在这个意义上，我们提倡一个人要进行自我修养。

这个修养就是一个人具有社会属性的行为举止。比如拜年，就是一种表现。传统习俗是上午拜年，你却因为睡懒觉或别的事情，下午跑去给长辈或老师拜年，这显然是不合适的。当然，这只是小事。大事也可以以此借鉴。比如政治规矩，就是在政治规律的基础上形成的具有社会属性的社会化成果。遵守这个规矩就是正确的表达。由此展开，在单位，遵守纪律就是一个人行为正确的直接表达。不能如此，就会有损个人的品质。很多青年人认为，只要不犯法，怎么做都可以，你不接受我，我还不搭理你呢！结果一定是被边缘化。过去人们说这种人有点不正常，现在人们评价这种人比较客气，说他很好玩，很有个性。但结果都一样，就是人们对其敬而远之。

其实自己本来并不坏，也不想要这个结果，问题在哪里？进行严格的行为修养才是正道！

人们总是在与他人的交往中展开个人的全部生活，又以人格品质的纯度呈现人际交往的质量。因此，加强自身修养以成纯正品格，可能是追求美好生活的起点。

如果我们要给爱一个注解，牵挂和付出可能就是它的全部内涵。牵挂是内在的，付出是外在的，两者缺一不可。没有牵挂，当然没有付出，牵挂是付出的前提条件。当然，在现实的生活里，很多时候我们只有牵挂，却无法付出。爱而不得的爱情就是如此。对于友情，空间和时间都可能成为付出的障碍。对于亲情，付出会不会被接受，能不能付出，愿不愿付出，都可能使爱的情感或意愿受挫。爱的痛苦其实就是由付出这个环节而来。

许多时候我们希望自己是一个讨人喜欢的人，但事实上却并不可能，熟人能够接受你已是不易，哪里可以奢望喜欢？为何如此呢，我是这么好的人？很简单，你的好并非我要的好，我能在普遍的意义上承认你不坏就很公平了，至于我是否喜欢你，是由我能从你那里得到什么决定的。但是有两种关系是不用操心得到的问题的，那就是友情和亲情，因为这两种关系是建立在先喜欢再有情的基础上的。难道爱情不是如此吗？呵呵，如果是从友情而至，应该是可以的；而如果一开始就以爱情为内容，那实在是未必。有许多爱情是在计算清楚自己能得到什么之后开始的。

人们寻求友谊的目的在于获得精神世界的快乐，如果由于某种原因而使自己不快乐，甚至是受伤，那又何必要友谊呢？因此在现实中，常有友情破裂，虽然不像爱情那样令人伤心欲绝，但一样会使被抛弃的人受伤。因为失去、被抛弃、不信任等负面情绪并不温暖。

想让自己有更多的人喜欢真的很不容易，不仅要有可以让别人喜欢的理由，还要有所付出，对于已经建立的友谊，还要适时地维护，否则会因为长久的疏远而平添隔阂。所以有很多人选择较小的交往范围，以免把自己累坏了，鲁迅更直接：人生得一知己足矣！

渴望友情是每个人的精神追求，但获得方式却各不相同。一者，欣赏别人，寻找交集，培育友谊的胚芽，如果可能，便会产生一份珍贵的友情。二者，用自己的标准，在茫茫人海中框定某个适合自己的人。

最好的朋友应是那些能够让自己获得前进动力和能量的人。古语有云，益者三友，友直、友谅、友多闻。这是有益的朋友，可以给自己滋养，却未必能给自己动力和能量。在婚姻中有旺夫相一说，其实夫旺不是因为妻子的长相，而是因为她能够给丈夫动力和能量从而使丈夫奋勇前进！旺友相的人也是如此。

有旺友相的人是那些能够让朋友获得前进动力和能量的人，这样的人才是世界上最好的友人！翻开人类的历史，所有有所作为的大小人物无不是有旺友相者紧随左右的人。因此，找朋友可能不仅仅是为愉悦身心，凡欲有所作为者还当善于寻找那些有旺友相的人为友。

为什么说父爱如山呢？因为它大（就是多），可以永不枯竭地享受；它稳，所以靠得住；它实，所以可以放心地享受，从不需要多想。可是，这山不是天生的，父亲得慢慢积累让自己成为一座山。今天，我们享受着山一样的爱；明天，当自己成为父亲时，也能成为这样的山吗？

突然想起父亲晚年的难过，说我回家不愿意跟他多交流，而是到处去看同学。尽管并非如此，但我回家后确实常顺便到同学家去看望老同学，而不是专门陪父亲。父亲的难过当时我并没有在意，觉得我俩已经聊的很多了，适当地去走动一下并没有什么。现在想来，很是难过，同学依然可以见到，而父亲却再也见不到了……

什么是永生？人的生命如此脆弱何以永生？古人说人有三不朽：立德、立功、立言。为何如此就能不朽？其实是告诉人们，一个人只有通过自己的努力才有可能在人们的精神世界里获得永生。伟人在很多人的精神世界里获得永生，而亲人在自己的精神家园里永驻就足矣！

古人云人有三不朽：立德、立功、立言。此论虽大实则于家于国皆然，因其背后都深含人情大义。有德者人恒爱戴，有功者人恒感恩，有言者人恒敬仰。三者无一不以情感作为行为持续的动力。由此可知，纵使亲人离世，也因音容宛在，使后人感到其实亲人从未走远。

一个人与现实世界的永别不是肉体的消失，而是情感的消亡。只要能够有与现实世界情感相连的内容，就不会真正地逝去。因此，一个真正追求永生的人并不在乎自己的肉体是否存在，而是更关注自己在情感世界里的建树。我们以此可以理解孤独者离世前的悲凉，儿孙满堂者的从容。

看《大河儿女》，贺焰生告诉他老婆大娥子：娘爱儿，黄河长；儿爱娘，扁担长。此言让人浮想联翩。母爱如此，师爱如何呢？老师爱学生，长江长；学生爱老师，牙签长。其实，可能爱有多长，就会有多受伤。只要爱的对象是确定的，爱就是一种风险投资。

引起家庭内部矛盾的因素有很多，因不公平导致的矛盾最为常见。家庭内部要做到感情公平，利益公平，伦理公平，等等。和社会人际关系相同，付出多少就会得到多少，偏心只会引起矛盾。父母年老时子女尽赡养义务不仅反映家庭教养的水平，更体现子女对家庭伦理公平的理解和践行的能力。

母爱的伟大在于无私的奉献，在于舍我的给予，在于劳而无怨，但所有这些都具有强烈的指向性——她用心爱的人，其他人却并不一定会去爱。因此母爱的伟大实指母爱精神的伟大。生活中不伟大的母亲很多，对于个体来说因其唯一而显得不同，但不同并非伟大。

即使是最爱你的母亲也常是用她喜欢的方式来爱你，而不是用你想要的方式。儿子从外面忙完回家感觉很累，想要去澡堂洗个澡，因为儿子认为澡堂空间大也不冷，可以放松一下。妈妈却说，在家洗吧，我来给你放水。母亲做得不对吗？省钱而且表达了母爱，然而有爱未必就有幸福。

娘说，孩子想吃什么我就给他做什么，说明我很民主，也很有爱心，可为什么我的孩子不仅因为营养不良而没有健康，而且因为我的民主而并不合群，甚至孤僻自傲呢？在孩子还不懂得民主对于自己的价值，更不知道该怎么施行民主时，除了人云亦云还能做什么？

伟大的女人并不一定是伟大的母亲！母亲的伟大不仅在于能够数十年如一日用不断重复的劳作为子女的成长默默奉献，还在于能够用美好的品质影响和塑造子女的品行。前者很少有母亲不能做到，恰恰是后者损毁了一些母亲的英名。之所以如此，其实是因为缺少爱的能力，惜哉！

一个人的伟大是由其承担的社会责任成就的。伟大的事业需要伟大的品格，伟大的品格铸就伟大的人格，伟大的人格成就伟大的人生！而另一面，伟大又源于平凡的奉献。因此女性做到伟大并不难。而作为母亲的女性是否伟大却由其如何培养孩子、培养出什么样的孩子来确定。

为什么孩子越大父母的牵挂越多？因为他越来越成为他自己，而这个“自己”是否打上了父母的烙印正是父母焦虑性牵挂的根源。从表象上来看，孩子有了越来越多的父母不能了解的个人空间，是父母放心不下的原因，所以就有了父母采取各种方式了解孩子的事。

为什么父母会对孩子有啰唆的言行？因为孩子的执行力有问题。为什么父母对孩子有很多要求？因为父母不想自己的或他人的错误让自己的孩子再犯一次。

嫌父母啰唆的孩子是危险的，因为他们还分不清这个世界上谁最爱自己。父母为什么对别人家的孩子不啰唆呢？

拒绝父母合理要求的孩子是危险的，因为他试图通过个人的直接经验来体验人生，这必将浪费大量的光阴，最后可能被时间而不是被同伴直接淘汰。

所有逆反的孩子都应该想一想，逆反的情绪除了给自己带来巨大的损失，给父母带来巨大的伤害，会让这个世界少掉一粒灰尘吗？

老师的母亲九十七岁了，仍然健朗、矍铄。每次去看望老师，她都忙前忙后，递茶端水不停。我们总是要感叹一番，说老师是个大孝子，应该向老师学习。今年过年照旧去拜访，依然感叹。老师说："回家有个妈妈喊，这就是人生最大的幸福！"唉，如此简单，却又如此深刻啊！感动至今依旧难忘！忍不住分享！

内心的焦虑从何而来？应当是源于内心的期待吧。当这种期待眼看落空的时候，焦虑可能就会产生了。所以，生活中有目标的人，有追求的人，常常会焦虑。因为他们对自己的追求总是充满期待。在接近目标之前，这种期待能否实现，就会成为焦虑源弥漫在心头。只有自信可以冲淡这种焦虑，只有实力才会避免这种焦虑。

对于个人来说，适当的焦虑并不是件坏事，某些时候可以成为奋起拼搏的内在动力。

对于一个团队来说，这种焦虑可能导致意想不到的结果。焦虑的主体和被期待的对象不是同一个人的时候，这种焦虑可能就是一种负面的反向的力，既埋葬主体，也湮没对象。比如，陪伴子女读书考学的父母，往往是焦虑的主体，而被期待的对象却一无所知。

突然想起一个小话题，觉得有必要说一说。

在我们农村，有旺夫相一说，还有败家子、丧门星一说。旺夫相说的是女性嫁到夫家，给夫家带来福气。比如，从此家庭摆脱了贫困，走向了富裕。而有的女人嫁到夫家，却令夫家出现了各种乱象。比如，吵架、分家、父母从此不能得到很好的赡养、兄弟姐妹从此不能和睦相处等，一家人大量的时间和精力浪费在内耗上，从而导致一个家庭的衰败。

其实，一旺，一丧，差别在哪里？

在我看来，旺就在于，对自我的放弃，对大局的认同，牺牲小我以成就大我，大我在成就后使得小我更有价值实现的条件和基础。相反，那些为了小我的利益，而不顾大我的女性，往往导致大我没有成就，小我也在大我的毁灭中灰飞烟灭，最终两败俱伤。

想想夫妻之间争执的内容，有多少是为了成就大我，就知道自己是不是旺夫相（旺妻相）的人了。有多少夫妻在争吵中获得了幸福的人生呢？

不吵，照你这么说，我难道娶（嫁）了她（他），就注定要让步吗？我才不愿意做这样的傻子呢！好吧，那就接着用争吵来争取自己的利益吧。

母亲离开已经整整一年了。

我的心知道，这一年，母亲在另一个世界看着我，伴着我，从没有走远。推开家门，是母亲温暖的容颜；离开家时，是母亲叮咛的声音。

我的情知道，这一年，母亲用自己的魂灵牵着我，挂着我，从没有放手。言行举止，是母亲严格的要求；理想奋斗，是母亲幸福的微笑。

想念母亲，是想着母亲对我们的付出。从小到大，母亲用默默的奉献陪伴我们长大，无论风雨，无论雷电，不离不弃，任劳任怨。

纪念母亲，是承着母亲给我们的精神。母亲用自己的实践铸造伟大母爱，勤俭持家，无私奉献。

在茫茫人海中，母亲弱小而无闻；在儿孙们的心中，母亲美丽且伟大。

离开父母的日子越是久远，越是意识到与父母心灵的靠近。

我们或许不是那种“不养儿不知父母恩”的人，但对父母的教导，我们却只有在现实的磨练甚至是磨难中才逐渐清晰地懂得。或许我们在某种程度上达成了父母的期望，可面对自己的孩子时就会发现，我们的成就可能和父母的期望还相差十万八千里。

小孩们那种自以为是的模样，或许就是我们的当初。

越是这样想的时候，就越是想念父母……天下少有父母不把自己的经验和教训传给自己的孩子，只有那些早慧的孩童才会听从父母的教诲。只有那些借着青春的躁动忤逆父母的人，才会不顾父母的感受自行其是。或许他们觉得反正这是自己的选择，愿意自作自受，却何曾想过这是父母走进坟墓时也没有放下的遗憾呢？

就借着这清明的春雨，冲刷饱含愧疚的陈迹吧；就借着这春雨的温润，将所有不能释怀的思念，融于自然的青岚吧。

遥祝我们的父母，一切安好！

一个人的言行有没有说服力主要看两点，一是他本人有没有践行及践行的结果，二是受众的思想状态。第一点很好理解，如果一个人说起来头头是道，做起来一点不行，其言行就很难有说服力。所谓“己所不欲，勿施于人”，“其身正，不令而行；其身不正，虽令不从”，就是这个道理。

第二点该如何理解呢？

有一种现象可以帮助我们理解这个问题。一个人在单位很有号召力、凝聚力，但是在家里往往没有这个本事。原因何在呢？因为家人觉得自己很熟悉他，他的想法和说法也就是那么回事，没有什么特别的，甚至是自己不需要的，而且在家人跟前经常说，可能给人啰唆烦人的感觉。在单位能受到欢迎，是因为工作需要，而且说的不多，别人听起来比较新鲜。

再深一层看，其实是评价的标准不同，需要的内容不同，以至于即使自己需要可能也想不起来自己身边就有一个可以咨询的人，所谓“有眼不识金镶玉”。

我说这些，是想和大家分享一个认识，我们往往忽略亲人智慧的光芒，而把眼睛放在陌生人身上。其实这是一个误区。

在单位，常常有“外来的和尚好念经”的心理，由于工作的需要，也为了应付差事，邀请外面的专家来指导，让领导觉得是在做事，其实不然，专家一走，一切回归自然。

这一点对大家的启发是，我们身边的亲人，了解我们，爱我们，他们的关于人生的体验和智慧，应该是这个世界上最值得认真揣摩的东西。

所以，回到第二点，如果思想认知不到位，即使是真理就在身边，也会被当作垃圾处理掉。

因此，相互倾听，认真想一想身边的亲人所思所想所说，可能有益于我们自己的快速成长，这是什么也比不了的宝贝啊。

一看到《觉醒年代》中的陈延年就会忍不住流泪，想到他悲壮的牺牲……而在家中，他却那么缺少和父亲的沟通，那么缺少父爱的温暖……今晚，看到他从自己组织的互助社回家，本来要跟父亲和姨妈告别，去践行互助社的理论，没想到看到姨妈在家门口外面的墙上哭着撕下那些公然造谣中伤父亲的传单。他没有去理解父亲的不理睬，而是再次因为对父亲的误解而冲撞父亲，被父亲扇了耳光，愤然离家……我一下子泪奔了。想到了自己的懵懂青春，虽然比陈延年幸福千万倍，却也不理解父亲为自己成长的缓慢而焦虑的目光。想到最后一年冲刺高考，大年初三就偷偷离开家，给父亲丢下一封信，说自己一定要努力考上大学。后来母亲告诉我，父亲看着信，一会儿哭，一会儿笑……现在，终于懂得父亲在那个漫长的等待中，一定是流过很多次泪，叹过很多次气，却没有在我面前流露过一次。他总是面带微笑和我交流，听我无知的海阔天空。父亲肩上扛着的，脸上露出的，永远是晚辈无法理解的。直到有一天，自己也做了父亲，才知道自己的父亲多么不容易……

回过头来想，父亲不容易，孩子的成长又何尝容易？看起来是无忧无虑，每天吃喝不愁，却常常在迷茫中彷徨，在探索中长大，所以会去模仿大人抽烟、喝酒、聊天、找朋友，仿佛不做成大人一天也活不好……其实，这种痛，长大后有了家，有了孩子，大多都忘了，大多都当成了笑话来谈，当成骄傲来讲……

不沟通，不理解，不包容，不迁就，就会使双方永远是两条平行的火车道，一起向前，却永远没有交集。这是不是人生最大的悲痛！陈独秀和他的儿子们，在天堂那边，看着我们这个世界，一定会开心地笑吧，我华夏河山，目力所及，皆如所愿！当初的流血牺牲，都值得！哪个导演会这么安排演员，屏幕中的陈延年和陈乔年，一个微笑都那么令人动容！那么坚定！那么淳朴！那么充满青春的朝气！那么可以让人看到未来无限的可能！可能这也是导演的匠心吧。这样的青年，面对敌人的屠刀，宁死不跪而被乱刀砍死，那样惨烈的现场，什么样的人不会产生被夺取心魄的痛啊……

我要再为他们——虽然远去，却无法忘记的永远活着的人——哭一会儿……

又看《觉醒年代》，看到陈独秀出狱，蔡元培、李大钊、鲁迅、胡适等朋友，还有家人，一起为他的出狱庆贺。看到他们拥抱，诵诗，我和他们一样激动，特别是当陈乔年端出自己做的牛蹄，为四年前曾经用蛤蟆换了牛蹄戏弄父亲的事向父亲道歉时，我泣不成声了。

感谢艺术家们的精彩演绎，英雄人物通过荧屏再现在我的面前。出了研究室，就入监狱；出了监狱，就入研究室。无论在哪里，心中都只有革命！这是何等豪迈的革命精神！何等执着的奋斗精神！

吾辈若能学习一二，何愁不能成就一番事业。

一个人，一辈子，将自己毕生的精力都用来为人民的温饱而奋斗，成果惠及不同民族，乃至全人类，这样的人，是人类文明的真正创造者，是人类的福报，文明的丰碑。

听到袁隆平仙逝，我无法控制自己的情绪，一个人黯然落泪，该用什么来纪念这位从未谋面却一直敬仰的心中的偶像和榜样呢?

我的儿子说，就用微博吧。

就用微博吧，借用截取的照片，来缅怀袁大爷吧。

巨星陨落，天地同悲！

大爷，今夜为您守夜，愿您一路走好！

一个人的一生会走弯路，有很多原因，但其中一个重要的原因一定是不听父母的话。没有哪个父母会害自己的孩子，他们的建议都可以说是至理名言。但很多孩子自以为是，拒绝接受父母的建议，结果可想而知。所谓“不听老人言，吃亏在眼前”。

最近这两天，参加高考的孩子们都在准备填写志愿了。这本来是件高兴的事情，但不要太乐观，孩子们的想法可能会超出我们的想象。他们的志愿可能不是他们在填，而是他们的父母在填。操碎了心的父母们又大多不知道该怎么填才能得到最好的结果：学校好，有名气；专业好，好就业；离家近，好照顾。诸如此类。这些想法在父母那里是再正常不过了。但孩子们的想法如何呢？第一，到我想去的城市；第二，和我的哥们在一起；第三，就填最好的，大不了再来一年；第四，最不想干的就是教师和医生；等等。你看吧，就这么几个数字的志愿，一些孩子会让父母感到自己的生命健康都受到了挑战！

为什么呢？

“难道父母所做的这一切不都是为你好吗？”

“我知道啊，但我不需要！”

“难道父母所做的这一切不是有益于你将来的成长和生活吗？”

“我知道啊，但我有自己的想法……”

一句话，我是我自己的，与他们无关……

好吧，有本事就从此不要再让父母管你的吃喝拉撒吧！有本事就从此别再向父母伸手要钱吧！但现实是，他们即使拿了钱也认为自己更重要，甚至会抱怨，我这辈子都是父母给耽误了……否则，像我这么聪明，要是按照我自己的想法，我肯定会更好！

你在说什么呢？这是我们这些上大学的人的想法吗？

哦，或许不是吧。我在说一种人，“人至贱则无敌”的那种人……

父母的爱方式多样，大致可以概括为三类：一是给予，二是教育，三是担当。给予的多是物质的东西，看得见，受得了，自然容易接受，也容易认同这份爱。担当的多是看不见的，甚至是子女们想不起来的内容，所以有被称为白眼狼的孩子，他们也喊冤枉，说父母并没有为自己做什么，因为没有看见。教育的付出一般也有三种形式：一是引导，二是关注，三是训诫。引导的多是容易被接受的；关注的多是被厌烦的，子女们不会在乎父母关切的眼神，觉得是在监视自己；训诫的却是极少被快乐地接受的，这也是亲子之间矛盾的主要诱因。

令人难过的是，很多子女并不认为关注和训诫也是爱，他们在和自己的朋友吐槽的时候，大都提到关注和训诫这种“劳什子”。

爱一个人很容易，可是能被理解和接受的爱并不容易。

父亲的目光

——以此纪念父亲离开我十年

小时候，因为自己贪玩，而且很调皮，常常带着小伙伴们闹出一些令大人们心烦的事情，让邻家的长辈们厌倦地喊着家人的名字前来告状。所以，每天在玩乐之后，往往担心被父母责罚。父亲从医院回来，虽是慈爱地看着我，我也常因为心慌而不敢正视父亲的目光，深恐让他看出自己今天又让谁家的人烦心了，讨来一顿批评。一次，一个人在家附近玩，挖了一个坑，将一些草放进去，划着火柴正要将草点着玩的时候，父亲来到了我的面前，温和地问我在做什么，我慌忙站起来，将火柴捏在小手里，以为这样父亲会看不见。“没有在干什么”，我说。父亲看着我问道：“我看到你在玩火，火柴呢？”我狡辩道：“没有，不相信你搜。”父亲禁不住笑了起来，弯腰从我的小手里没收了火柴。这件事让我记忆十分深刻，因为我那时一直不知道父亲怎么就能够看出来火柴在我的手里。因此，在我儿时的记忆里，父亲的目光慈祥中透着犀利。

少年时，我一直在离家很远的地方求学，远离父母的日子，从十分想家到完全独立经过了一个痛苦的过程。父亲因为我的身体不好而对我的要求一直比较松，只是为了给我一个好的学习环境，父亲将我从一个学校转到另一个学校，着实将我折腾得够呛。而我那时是根本不能理解父亲的良苦用心的，唯一让父亲后来还表扬我的是我从不违抗父亲的决定，他让我到哪里我就到哪里，而且能很快适应环境。只是我并没有因为适应环境而把心思放在学习上，而是很快又能够找到玩伴，过上没有父母监督的自由自在的日子。其实这只是我自己的感觉，父亲从没有放松对我的关注。记得是一个初夏的上午，父亲到学校给我送米，当时我正在上课，他没有喊我，只是站在我们教室的窗外默默地看着我。我那时正开着小差，不停地东张西望，可不知怎么地，总感觉有一双眼睛在看着自己，一回头，发现我的父亲正站在窗外慈祥地看着我。那一刻，我的心被紧紧地抓住了，回想自己整个少年时代，懵懂无知，从不知道认真主动地学习，即使浪费了很多宝贵的时光，父亲的目光也一直如此慈祥。

高中时我一直跟随兄长在他的学校就读，渐渐地懂得了认真读书的意义。但是由于天生愚钝，理科的学习一直很不理想，加之身体依旧羸弱，小病不断，直到后来得了严重的神经衰弱不得不休学回家。从医多年的父亲知道这是因为身体素质差，学习一有压力就顶不住，于是他一方面让我参加各种农村的体力劳动，另一方面也设法给我增加营养。第一年参加高考，一分之差惜败，后来拿到了一份价格昂贵的委托培养录取通知书。家里人各抒己见，姐姐和哥嫂认为应抓住这次机会读个大专，有了文凭不愁没有饭吃，但父亲坚持要听我个人的意见。我并没有想过复读的难度，但我感觉家里是拿不出那么多钱的，不如自己再努力一次。父亲十分支持我的想法，鼓励我说，只要你愿意读，我们把房子卖了去讨饭都让你复读。或许高考的失败对于一个成人来说不算什么，但对那时的我来说却是一次不小的打击。父亲的话语温暖着我，那一刻，我看到了父亲那温暖而坚毅的目光，这让我浑身充满力量。

大学时代，我的父亲和所有的父亲一样开始关注我的婚姻，甚至在开学前和我面对面地坐下来，认真地谈我个人的爱情问题。“爸，这又不是到街上买东西，哪有想买就可以买到的呢？得慢慢找吧。”我那时真的还没有想过要找对象，至少我感觉自己还没有体会到大学对我个人的意义，我想先把书读好再来解决这个问题应该也不迟。但父亲不是这么想的，他认为我是该找对象的时候了。“我的身体不好，你找了对象，我就不用担心了。要是你不找对象，我万一有什么三长两短怎么办？”父亲的理由听起来无可辩驳，我必须为了父亲的心愿完成这一艰巨的任务。后来终于有了对象，父亲又开始为我结婚做打算。父辈们好像总有准备好的心愿在那里等待着我们，而我们的脚步又总是自觉或不自觉地在这样的期待中沿着父辈们的方向前进。但毕竟爱情不是我一个人的事情，结果是初恋在漫长的期待中结束了。

工作后，父亲来我工作的地方看望我，头上的白发比以前更多了。父亲和我一起在校园里散步，他无心欣赏校园的美丽，而是看着校园里来来往往的人轻轻地慨叹道：“这么多女孩子，怎么就没有看上我儿子的呢？”我被他的自言自语逗乐了，笑着安慰他：“那是因为你儿子没有看上人家。”可在那一瞬间，我看到了父亲焦虑的眼神。在过去二十多年的时光里，我从没有看到父亲的焦虑，在我的记忆里，好像这世间没有什么可以难倒我的父亲。他行医，是当地一流的医生，患者们在他退休回家后仍然络绎不绝到家里来请他开药方。他下棋，在当地是高手，曾经让一位永不言败的棋手不得不服输。他务农，自学水稻种植技术，在实行家庭联产承包责任制后，我们家也因此摆脱了长期的贫困。他挣钱，自学了多种养殖技术，尤其是养长毛兔和养鸡，几乎到了规模化生产的程度……然而，就是这样一位从不言累、奋斗不止、不知焦虑的人，却为了他儿子的婚姻开始犯愁了。

在整个大学时代和工作期间，我常常回家和父亲在一起，与其说是与父亲交流，不如说是父亲听他的儿子不知天高地厚地侃侃而谈。他一直静静地听着我的胡言乱语，从不打断。或许是因为他从没有听说过，也或许他就是喜欢听自己的儿子那么显摆吧。总之，他一直是慈祥地安静地看着我。无论是交流还是吃饭做事，他都会这样看着我，目光中充满了疼爱、欣赏、鼓励、骄傲的元素。我习惯了被父亲用这样充满内涵的眼神静静地守望着，尽管我不知道他在想什么，但我想那是他的权利，他一定很幸福。

现在，父亲离开我已经整整十年了，父亲的目光却从没有离开过我。当我低沉颓废之时，就能够看到父亲那温暖鼓励的目光；当我快乐的时候，就能够看到父亲幸福慈祥的目光；当我学有所成，有所建树的时候，就能够看到父亲那充满自豪与骄傲的目光……父亲的目光，围绕着我，给我力量；指引着我，给我方向。父亲的目光，虽然远离却就在身旁，从没有暗淡，是我心中的太阳。

话题四　成长与挫折

按语：很小的时候，总不想长大，因为有父母的呵护，一切都不用操心。可是，事实是不管我们是否愿意，人的成长每时每刻都在发生。这是人必须面对的现实规律。顺应规律，一切皆顺；违背规律，必受规律的惩罚。

但没有人天生就知道如何成长才是对的，才是好的，才是适合自己的，所有的成长都是在探索中进行的。因此，最智慧的办法，可能就是跟着大家一起走。别人读书，我也好好读书；别人上大学，我也好好上大学。先不用把“为什么”搞清楚，走着走着，天就亮了，一切都看得见了，自己也长大了。问题是，不少人不乐意在黑暗中行走，也不愿意随大流，结果，可能做到了特立独行，个性很鲜明，却没有让自己感到满意。

确实的，成长是痛苦的，几乎所有人都有相关的体验。差别在于，人们对待痛苦的态度各不相同，从而有了不同的成长道路和成长结果。其中，面对挫折的态度最能见证一个人成长的模样。任何一把好刀，都离不开好的磨刀石。人生的挫折就如同磨刀石，没有它，可能使自己感到顺利，却让自己少了韧劲；有它，可能会使自己感到难过，但在这种体验中站起来，却会使自己成为刚毅勇敢的人。

人的成长犹如一棵树的成长，从一粒种子开始到长成参天大树，无不与环境的影响休戚相关。人在成长环境中汲取的养分丰富多彩，来源也各不相同。有些是自己探索并吸收的，比如读书；有些是无意中被影响的，比如生活方式。因此，人的成长从来都不是一个人奋斗的结果，而是个人努力与环境影响共同作用的结果。

高中的时候喜欢读励志的书，同学总笑：还看这种破书，什么时候我也写一本给你看看。结果他到现在也没写给我看，倒是生活的潦倒把他几近撂倒了。生活中常有类似的人总搞不清道理和自己的关系。他们常常自以为是地说：道理谁不懂？大道理谁不会说？我想问的是：道理不是拿来懂的知识，这个道理你可懂啊？

厄运对自己也是一次检验。有的人在厄运面前一蹶不振，一生碌碌无为，抱憾终身；有的人因此而斗志昂扬，战胜一切困难，创造自己的辉煌。因此，厄运不仅可以使人通过自己的人生低谷检验别人对待自己的变化，看到一个人的真品质；也是检验个人品质是否过硬的试金石。人生不期盼厄运但也不用惧怕它。

被人背后议论是很正常的事情，不必计较和争辩。相信听的人会有自己的眼睛和头脑，如果别人可以左右他的视听，此人也不值得你去说明。做好自己的事情，用成绩说话，相信大多数人会有公正之心。

一棵长在园林里的树很久没有被人看中，但这并不影响它的成长。多年以后，它必然以其昂贵的价值成为树林中不可小觑的一棵。人的成长不也一样吗？即使一时找不到工作，也不会影响自己健康成长，倒是那种因为没有找到工作而否定一切的态度可能会使自己日渐“枯萎”。

一棵树只有长在适合自己的肥沃的土壤中才可能枝繁叶茂，长成参天大树。一个人如何让自己成为栋梁之材呢？或者这样问，一个人成长的土壤是什么呢？我以为，是文化。中华民族所以绵延不绝，薪火相传，因为植根于丰饶的民族文化的土壤！一个人如果没有民族文化的熏陶，就没有灵魂，何谈成长呢？

一滴水只有在水的环境里才能成为水，一个人只有在人的社会里才能成为人。没有一个特定背景，独立地讨论个体，如果不是为了研究需要就会毫无意义。讨论人生的选择也如此，离开追求人生价值实现的背景讨论人生选择就如同闲逛时购买了某个可有可无的物件一样。

父母们在一起说孩子的成长，说到优秀的地方神采飞扬，骄傲的神情都不一样；说到劳神的事情充满忧伤，仿佛未来黯淡无光。于是相互鼓励，总不能过于失望。唉，孩子们其实一直在自然地生长，父母也需要用耐心守望！

如何让自己强大？既然那些欺负我的人是因为我不如他们强大，所以我就要比他们还强大才行！不，如果这样想，你太难比过他们了。真正的强大是自己所从事的岗位非己莫属，自己走了就难以填补；是永远年轻的心态！

如果你不够强大，你就有可能被欺负，被欺负后常常是恶狠狠地在内心诅咒那个欺负你的人。别动手，那样会违法；也别动口，那样会影响自己的形象。其实也别诅咒，因为诅咒也只是想借助上帝来帮你出气，可上帝要坐定自己的位子只会依靠强者，因此最好是自己奋起做强者。

成长中最愚蠢的事莫过于自以为是，听不进意见且不愿意博采众长，汲取经验。

成长是痛苦的，艰难的，有时甚至会付出惨重的代价，但这并非不可避免，最好的办法就是多听听有价值的意见，尤其是爱自己的阅历丰富的长辈们的意见。青年人有时会以为这样不好，会影响自己的创造力和闯荡“江湖”的勇气。可是，孩子，精彩的人生并非只有创造和闯荡。

年轻真好，不怕困难，就想成功，什么失败也打不倒，有青春的活力，有拼搏的勇气，征服世界豪气冲九霄！年轻真好，无所畏惧，只想前进，什么障碍都挡不了，有初阳的朝气，有登攀的大志，俯瞰环球胸怀大宇宙！

休息时看了电影《英雄·喋血》，讲的是广州黄花岗七十二烈士为革命从容赴死的英雄悲剧！想起早年读过的林觉民的遗书，想起无数英雄先烈为了苦难的中国英勇献身的场景，不禁难以控制眼中的泪水……生活在今天，如不奋斗，何以对得起这些慷慨就义的前辈?

在成长过程中，到底是教育改变了人还是知识改变了人呢？如果没有人的自我反思，即将接收到的信息进行消化吸收，内化为自己的行为指南，任何教育或知识都没有意义。可见教育或知识在人的成长过程中的作用十分有限，最多起推动作用。俗语“成则自成”即是此意。

人们的成长过程常常是寻找征服世界之权的过程，只是随着时间的推移，能够征服的世界范围渐变。有的人只征服了自己，有的人征服了爱的人，有的人以德性影响了一群人，有的人以法权征服了一群人。而从古至今，只有看重知识、追求知识并能创造和发现知识的人才通过知识征服了一类人。

还记得孩提时代，常会把一些令大人们捧腹的屁事当作秘密传给多人，还煞有介事地告诉人家千万别告诉别人。长大后才知道，对于不同的人来说，真正的秘密是那些说出来不是伤了别人就是伤了自己的信息。

因此，最好的选择是，要么忘掉，要么随着自己的生命结束一起消失。无论如何也不能让秘密变成负累。

人生会有多少秘密随着时间的推移被淡忘，还有多少秘密将随着自己一起离开这个嘈杂的尘世？谁能说自己一辈子光明磊落没有隐私？人们可以敢于坦荡，却未必能够坦荡地这么说，因为有很多秘密是被推测出来的。你说没有秘密，谁信呢？哈哈哈，故事编撰者们的饭碗就是这么来的啊。

每天送儿子乘车去上学，都会遇到送孙子去上学的老师，如果没有急事就会陪他在操场上走上几圈，一起聊聊天，在这种看似闲谈的交流中，总能有很多有益的收获。人们的认识总是在不断的实践和思考中提高的，和师长们的交流总会提升高度，改善角度，从而获得新的认识。这可能正是青年健康成长的秘诀。

从雨花台回来，内心依旧没有平静。在那样一个风雨如晦的年代，多少热血青年，为了国家和民族的未来奋斗和开拓，总想找一条阳光的路，为人们寻得幸福的生活，却不料倒在了国民党反动派的屠刀之下！那一张张充满稚气的脸，和现在的大学生差不多大，何以毅然用生命捍卫自己的追求？那是怎样的世界啊！

古今中外的青年人莫不需要认同，因此常喊“理解万岁”。孔老夫子早就说："不患莫己知，求为可知也。"这句话就是说，不要总是抱怨别人不理解你，要问问你有什么好让别人理解的。他又说：听其言，观其行。都是在谆谆告诫青年，要用自己有内容的言行来证明自己。由此可见，改变和发展自己才是硬道理。

生活会有多少麻烦，你就可以想象出组建一个家庭会有多少麻烦，这可以用加法。如果你用快乐、荣耀、幸福等积极的心态来面对这些麻烦，那就用减法。反之则用乘法。当然，如果你有幸拥有贤惠的爱人和省心的子女，那就用除法了。

人生道路的长短是由其对现实超越的程度决定的。一个人如果能够超越阻碍、诱惑、困扰自己的现实，甚至挫折和逆境，就一定能够在自己的人生道路上阔步前进！而不能超越的人，必然被眼前的现实湮没。

人性本无善恶，人和所有的动物一样，来到这个世界时都充满野性。动物人是通过家庭、学校、社会的综合教育成为社会人的，其善恶的程度由这种综合教育的成败决定。

人的一生有两种权利是最基本的，一是生存权，一是话语权。生存权基本没有问题，而话语权常常不容易得到。放弃话语权，做自己的主人，你会生活得闲适且优雅。如果不愿意放弃，你就只有选择斗争以及与斗争相连的一切。

每个人都有自己的梦想，有的梦想能够成真，有的梦想可能永远就是梦想。努力过，可以不后悔，这是用来安慰失败者的。搞清楚自己的实力，让梦想建立在现实的基础上，让努力有个好的结果，这才是智慧人生。

我们在成长的时候要多为自己想，只要不损害他人利益就是可以的，因为这是积累能量的时候。我们在长大后要多为别人想，因为这是释放能量，承担社会责任的时候。人们就是这样交替前进，推动社会进步的。

人生真正的竞技舞台不是在学校，而是在离开学校之后。因为那时，你不再有老师的保护，家长的陪伴。不仅如此，你还有家庭、工作等。谁能够在这样的状态下获得预想的成功，谁才是真正的强者。只有学生才会以为在学校里获得了奖学金和各种荣誉就是一种成功。

问怎样活着才有意义的人常常在不断的努力中获得满意的答案。问怎样活着才最舒服的人常常在不断的逃避中变得牢骚满腹。两者看似都是价值追求，其实不然，前者追求的是价值实现的手段和过程，而后者追求的则是价值实现的结果和自己的实际获得。结果定是前者充实而后者一无所获。

因为没有正确的价值观，就不知道自己需要什么，就难以确立奋斗的目标。那就只有一个选择了——无聊地打发时光，而这可能正是一些大学生维持现实生活状态的内在原因。

如果我们并不知道上街去干什么，那就只有一个选择——闲逛。回到家有两个可能的感觉：一是因为一无所获而沮丧；二是因买到了自己想要的东西而兴奋，但兴奋稍纵即逝：明天还会有这样的运气吗？这与那种没有目标的人生是何等相似啊！

没有人能够替代你的奋斗，但如果有人真心地给你以人生的指引，一定可以让你少走弯路。聪明的人善听建议且将建议体现在自己的行动中，很快有所收获。倔强的人在自我的陶醉中审视所有的指引，装深沉废了青春。懵懂的人从众，自卑的人胆怯，功利的人跟风，无欲者在他人的评论中沉沦。

人们通过模仿知道如何成长，或者说人们的成长一般都是从模仿开始的。记住，模仿只是开始，如果一直模仿，对自己的人生而言就是灾难了。

人生就如同走路。有时候要快点，有时候要慢点，有时候不得不停下来。要注意安全，你可以不撞人，但不能不防止被别人撞倒。这不是一个人孤独的旅程，和你一样的人不在你左右就在你前后。孤独如果不是内心的错觉就是现实的需要，只有自我的人才会选择孤独地前行。

人生就是一场大戏。有的人一直在舞台上，不是配角就是主角；有的人一生都是观众。演员们的表演水平如何只有观众心里清楚，所以聪明的演员常顾及观众的感受，只有自以为是的演员才不把观众当回事。没有人可以一辈子做演员，演员的结局只有长寿的观众才能看到。

当人们啥也没有的时候，有两类人很突出：一类是通过创造使自己拥有的人，一类是只知道等待的人。当我们没有安静的心境时，也是这样，一类人通过创造改善了环境从而获得了安静的心境，一类人一直在等待喧闹的尘世安静下来。时间就这样在等待中流走了，与其坐以待毙不如奋起而行！

最糟糕的不是心情而是你对事情的态度，影响你的态度的是你的认知和相关的素养。比如被人轻视会让我们恼怒，从而心情沮丧。青年时常为被误解或不理解所困扰。可如果我们认识到“不患莫己知，求为可知也”，我们就不会只是沮丧而是奋起努力！所以我们看到，有追求的孩子从不烦恼。

我应该告诉自己，紧张其实没有意义，没有人在乎你说什么，只是一次偶然的相遇。别指望这里是另一个天地，对于我而言不过是一个普通的班级。表达自己心灵的语言，或许就能打动已经僵死的灵魂。心要跟爱一起走……

拥有青春就拥有未来！因此，所有有梦想的人都会努力把握青春！愿天下所有的青年都能够为自己的青春做好主，把好关，为自己拥有光明的未来时刻准备着！

大学时期的同学来了。“哈哈，还是老样子。”“哪里，孩子都要考大学了哦。”想当初……如梭的时光从指尖滑过，岁月的年轮早已爬上额头，霜染了鬓发……聪明的，你告诉我，我们的日子怎么就这样没了呢？

常常听人说，道理大家都懂，何必说那么多？我想问的是，真的懂吗？谁能相信一个人懂得某个道理而不去践行呢？那种只挂在嘴上的语言能算是懂了？谁能相信一个大一新生懂得全国学术界最牛人士编著的书所说的道理？如果懂得这些专家不是白活了？

做了一夜的梦，讨论劳动的价值。只有劳动——参与一定组织的劳动——才能使人意识到责任的存在，没有劳动的中介，存在于每个人大脑中的责任意识的软件就不能被激活。现在的你之所以没有责任感，就是因为没有足够的劳动量。嗨，有意思。只是跟儿子说“业精于勤荒于嬉”就生出了这一夜吵闹的梦。

客观地说，人总要生活在某种环境中，不存在没有风雨的环境，也不存在完全利己的环境。与环境进行必要的斗争，是人的基本的生存本领。在这个意义上，那种简单地以抱怨环境的方式来发泄情绪，或以逃避的方式躲避恶劣的环境的做法，都是不合适的。因为这样做，原来的问题还在那里。有人说，改变不了环境，就改变自己，这在一定的意义上不无道理。

人们常说做人难，难在哪里呢？

有人说难在不知道怎么样让人高兴，让人认同自己，感觉自己怎么做都不好、都不对，等等。总之，在这个问题上不同的人有不同的烦恼，所以，才觉得做人难。我以为，做人难，根本在于自己的表达难。用什么样的语言或方式，才能将自己的内心所想与自己的行为统一地表达出来，此为一难。如何将自己的表达与对象的实际需要、思想认识、理解能力等结合起来，让对方接受起来很顺畅，此为二难。比如端午节，你本想给人送一点粽子当礼物，但人家可能已经有很多粽子了，虽然不会抱怨你送粽子，但是，这粽子可能就是一种负担。那我们到底是做了一件令人高兴的事情呢，还是做了一件让人感到有负担的事情呢？所以，难在恰当的表达，而不在做人本身。没有人天生就会表达，大家的表达都是从不怎么恰当到逐步恰当的。因此，何必计较做人是否难呢，先慢慢成长就好。当然，有一种人，从不觉得做人难，因为他想怎么做就怎么做，从不在乎别人的感受。嗯，这种“潇洒”的人，并不少见，还是不谈他们吧。

人们总是在春节之后才会从习惯的记忆里把过去的一年抹去，从生活的实践中开启新的一年。我几乎每年都会在元旦和春节之间的时间填写处出错。显然，现在，2018年，已经进入了人类的记忆。而对我个人来说，这一年也成了历史。因此，为它写一段文字以祭奠，算是我人生的一个标点：回望过去，是句号；面向未来，是始点，是冲锋号！

总结对于个人来说，是进步的阶梯，是生活积累的量变推动质变的重要环节。所以，说是祭奠，其实是用挥手的告别说清楚昨天的故事。写出来作为记录，让自己记得，也让关心我、记挂我，甚至是讨厌我的人知道，我一直在默默地如此奋不顾身地成长。

对于教师来说，工作就是生活，生活就是工作，过去的一年，总的来说是充实的。工作上无大成就，基本稳步前进。虽然与梦想还相距甚远，但也奠定了比较厚实的基础。

具体来说，经济上不再欠债，情绪上不再紧张，心态进一步平稳，身体趋于健康。

有两个重大的收获可以记入个人史册。

一个是深刻地感悟出：人生（包括师生之间、亲人之间）其实是一次温暖的陪伴！

一个是深刻地领会到：加强自身修养（思想的、道德的、专业的等与素养有关的内容）不是为了让人欣赏，而是为了个人的愉悦和成长。

2019年：一定要继续努力，再给自己一个惊喜。

为自己的未来奋斗，是人之常情。奋斗的过程充满艰辛，有的人因此实现梦想，有的人却因为怕苦怕累扛不过去，而改变人生方向。有人说，吃不得一时苦，就要吃一辈子苦。这或许有些夸张，但一定是一句箴言，值得记取。

人生本不易，正所谓“哪有什么岁月静好，不过是有人替你负重前行”。古人云，吃得苦中苦，方为人上人。第一个苦，当是人生本来的苦，人人都吃得，因此也就不觉得自己苦。第二个苦，就是奋斗之苦。这个苦，有自然带来的，如寒冷的冬天给读书带来的困难；有人为造成的，如身边的人给自己制造的麻烦；有自己引起的，比如不成熟造成的各种小挫折，像失恋的情之苦、失时的悔之苦、失信的弃之苦等。这些苦有多难熬，只有自己知道，他人无法体会。

其实，没有什么苦扛不过去，没有什么坎跨不过去。为自己的未来奋斗，再苦再累也值得。只有能够为自己吃得苦中苦，才有可能在未来的某个时候为他人负重前行。

这么一想，就知道为什么有些人找对象找学习好有文凭的了，不仅因为他们有稳定的生活来源，还因为他们能够为自己吃得苦中苦，也一定可以在未来的家庭生活中为爱人和孩子负重前行，甚至在可能的情况下为社会负重前行。

认识事物、认识社会、认识工作必须遵循其内在的规律，在把握规律的基础上制定相应的规则，在遵守规则的基础上形成一定的规矩。规律、规则、规矩“三规”，基本可以帮助我们认清自己的人生之路。

比如社会一开始就让我们懂规矩，我们从内心是不大愿意接受的，甚至当成对行为的约束，当成自由被干扰而产生抵触心理。其实很多规矩，是人们长期以来在认识规律的基础上逐步形成的，只是其没有按照我们每个个体成长的顺序出现罢了。因此，在我们还不清楚规律和规则的时候先从懂规矩开始，并不是一件多么不堪的事情，相反，还可能帮助我们度过最初的社会适应期。

不管考试结果如何，难堪的都不是分数，而是分数产生的结果。范进中举的难堪想必人尽皆知。但不管怎么说，人家那是中了。万一没有中呢？面对一次挫折，我们当如何？有人哭了，有人郁闷了……这些都不重要，遇到不顺心的事情还不能发泄一下吗？重要的是，发泄之后，有没有一种行动来证明你面对不顺的态度是坚决地要改变！如果还是无所谓，顺其自然，挫折不过就是一次挫折。一叹了之，还不如啥也不做，省得让人笑话。

每一次挫折都是人生长路中的一个台阶。每一个人都在攀登自己内心的高峰，能够顺利地登上顶峰的人从来没有，只是在自己的眼里，别人的脚步都是轻松的而已。所以，别以为一次挫折就是天塌下来了，不过是在人生的成长历程中，你又幸运地多上了一级台阶。一个人，成长比成绩更重要！健康比分数更重要！面对挫折，态度比结果更重要！

人的悲哀莫过于用自己的言行向别人证明自己的浅薄和无知。

比如有的人因为自己读过某所高等院校就目空一切，言行中充满了对万物的鄙视。殊不知，在人生的长路中，自己不过是在这一段买到了一张豪华卧铺，也不过是一个过客，会和那些只买到站票的人同时到达站点。作为过客，你只是享受了一下，并不代表拥有。下车后，你怎么好意思把自己当成这辆车的主人来炫耀呢？尤其是，在人生的马拉松赛程里，跑到最后，才是真正的赢家，这才走了一段，嘚瑟个啥呢？

当然，我们也不能因此就认为，坐在一辆破车上的人就值得表扬。就奋斗来说，永不放弃的人才值得尊敬，起点低一点并不说明结局就一定暗淡。

因此，要想让自己不浅薄，真正告别无知，就要努力奋斗。别在乎那些看上去不舒服的目光，要想让目光看上去舒服，争辩毫无意义，用行动来证明自己才是真正的强者。

上学的时候常常委屈地认为大人不了解自己，所以总懒得跟大人交流，宁愿和自己的同学整天待在一起，感觉有共同语言。现在回过头来想，其实不是大人不了解我们，而是我们不了解大人。因为反观自身，青春的时节，除了读书，认得几个字，有几个和自己一样懵懂的好友，简单的生活，浅薄的阅历，又有什么好让大人理解的呢？难道让他们理解我们浪费时间糟蹋青春？他们苦口婆心地让我们刻苦努力有什么不对吗？如果当初早一点听话，人生的道路又有多少是弯曲的呢？当然，那时我们还振振有词，既然他们不理解我们，我们就走自己的路！

现在想来，做大人真难。其实，大人都是从青年过来的，怎么会不理解青春的那点事？只是有时不愿意顺着哄我们，才告诫我们青春不能浪费，读书上进比那些内心的小心思更重要。哄了，内心焦虑；不哄，又被误解为不理解。这种悖论如何化解呢？

很多人说，等到少年长成青年，自然就会懂的。青年们自己也会趾高气扬地说，我啥不知道？不就是这些大道理吗？唉，其实啊，他们是只知其一不知其二，就以为自己可以打天下了。有本事自己养活自己啊！

哼，你这样说还有什么意思?!

没招了……

人们稍作留意就会发现，自然界中的许多植物并没有进入画家的作品。为何？因为艺术作品呈现的内容总得有模有样，那些未能入画的植物常常是不受束缚地生长。细想起来，社会对人的选择不也如此吗？如果不能长得有模有样，谁愿意轻易地让我们入画？“我就要这样乱长，怎么啦?”

青年时总一直往前冲，毫无顾忌，啥也不想，所以有时候看似莫名其妙却很可能是一种创举。中年时也一直走，但会时不时地向后看，向前想的时候也会朝后想，左顾右盼，三思而行，所以常常成不了事却也可以基本保证不出事。老年时不再想未来，只是想过去，还常希望有人听，自己也愿意分享。这就是人生。

大学里最不让人着急的考试是开卷考试，最容易考差的也是它。因为没有压力，还能够看书，所以总是很放松。其实大学里最难的考试就是开卷考试，为了避免直接抄书，出卷老师会挖空心思。应对开卷考试的办法一是尽可能地熟悉考试内容，再就是积极思考。以为能抄书，那是做梦。

考试就是一次对话，一次与教师的认真对话。对于自己来说，是一次具有小结性的倾诉；对于老师来说，是一次带有检验性的倾听。因此，考试不是一个炼狱，而是一个台阶，每一个努力的人都应该为此感到高兴。

参加比赛的好处至少有二。一是趁机将自己的本事都拾掇拾掇，整理出一个子丑寅卯来，看看自己都有哪些宝贝。平时只是积累，很少有时间反思一下自己到底有哪些进步。参加一次比赛，该是亮剑的时候了，看家本领都得露一露，量变到了一个台阶，该是促成质变的时候了。二是借此看看有哪些大佬，知道前面还有多少人。就像在人生的赛道上，自己的目标或许不是那个人人都必须到达的终点，但得让自己明白，前面的榜样是谁。因此，参与比赛，并不是为了一些人眼中的荣誉而战，让自己的生活更有质量，可能才是最真实的追求。

生活中的矛盾冲突是砥砺人成长的磨石。处理矛盾冲突的能力照见人的成长之路。一个愿意成长的人不会畏惧矛盾，而是在处理矛盾中学会协调，学会忍耐，学会接受，学会平和。所以你会看见孩子面对矛盾冲突时哭闹，青年人面对矛盾时紧张，中年人即使刚刚还在吵架转身又可以微笑面对。文学家通过矛盾冲突展开主人翁的故事，现实中的人就是在这展开的故事里成长成熟的。

经历是人生的养分，不同的经历养分的成分也不同，所以成功或失败都不重要，重要的是，不同的经历给自己的成长带来的是什么养分。能够正确看待这一点的人，总是能够正确对待自己人生中的得失成败。

让我们感到肩上有压力的原因有哪些呢？

一是别人给的，自己逃不掉而形成的。比如在单位，你必须承担一定的责任，你越能干，责任越大，结果是想逃跑也不行，于是刚工作时的那种快乐渐渐没有了，想逃却逃不掉的心理负担渐渐地转化成外在的心理压力。

二是本来没有的，现在突然有了感到不适应而形成的心理压力。比如本来你把工作做好就自然可以有各种可能的表彰或认可，事情做完了，一切就都好了。但现在不行了，事情做完了之后，还要你做各种总结，填报各种表格，撰写各种文稿，尤其是这一切做完之后还不一定能得到你想要的那些东西，于是，担忧、烦躁等情绪一起袭来，随即转化成强烈的心理压力。

三是由于不当的比较而形成的心理压力。比如结婚这件事，自己本不着急，但周围的人陆续结婚，自己渐渐意识到需要结婚，身边的人也告诉你应该结婚，于是，压力便产生了。

“学而优则仕”的合理性在于可能充分利用学者的聪明才智为社会为他人服务，不合理性在于其道德假设：学而优者一定德亦优，一定愿意为他人和社会服务。

大学让所有没上大学的人向往，却常让进大学的人失望，因为没有想象中的那样神圣，大学早已不再是单纯的知识殿堂。社会发展转型，让所有生活在这艘巨轮上的人一起跟着转型，如何转？一些人在想，一些人在做，一些人在说，学生成了静默的观众：谁才是新时代的孔孟？

如果成绩不错，乐意读书，至少不讨厌读书，就最好一直读到大学。如果觉得读书令自己很难过，也可以在适当的时候放手，选择另一种人生。人生是一次没有明确终点的旅程，既然无法放弃，不如干脆趁年轻时多用点力气，为将来多攒点底气。否则，将来的弯路要比眼前的直路长上千百倍。

人真无聊，为什么我无所作为要遭受鄙视？关你何事？是的，除了亲人没有人闲着没事来多看你一眼，何必得罪你？因此，是你错了，不是人们无聊来鄙视你，而是自己内心那个不甘平庸的你鄙视了现实中碌碌无为的自己。所以人要进步不是被别人推着前进，而是内心理想的自我推着现实的自我奋勇前行。

人生的道路用什么样的速度来走并不重要，重要的是这一路上你看到了多少风景，体验到了多少属于你的喜怒哀乐。走得快的人或许会看到顶峰的日出，瞬间的景致精彩绝伦，但一定不能好好体会沿途迷人的美景。走得慢的人虽不能感受日出的壮美，却也因此看到人间的冷暖。不同的速度，都能抒写丰富的人生。

鸵鸟受伤的原因不在于自己不是鸟，而在于自己不知道自己是不会飞的鸟。能在天上飞的不一定是鸿鹄，比家雀还小的鸟也能“鸟模鸟样”地在天上飞，但鸵鸟就是在地上行走的命。如果就是一棵草，何必跟树比高低？由此观之，安分守己或安于现状并非不思进取，正确评价自己也是一种智慧。

被人奚落时，自尊受伤时，人们往往狠狠地说："燕雀安知鸿鹄之志哉?"不仅解气，还让自己高大上了一把：小子，怎么着俺也是鸿鹄，懒得跟你这种家雀计较。可是，真的，很多时候结果并不如人们所期望的那样，"家雀"依然在天上飞，"鸿鹄"却还在地上行走。你知道原因吗?因为这"鸿鹄"不过是一只鸵鸟。

越是对他人少要求，就越能保护自己的感情；而越是对他人要求多，就越容易让自己受伤。因为，别人不知道你想要多少，给多了你不好意思，或许还会伤你自尊，给少了你又会难过。正是在这个意义上，人们说，在这个世界上没有人欠你什么，给你了那是情分，不给你那是本分。所以，知足才会长乐。

有时会感到莫名的失落，仿佛丢失了什么，犹如离开家之后总感觉无限惆怅。看匆忙离开视野的人群，常会问自己，在他人的眼里，自己的脚步是否也真的坚定呢？生活太需要韧劲，如果没有张力，没有韧劲，没有可以经受住风雨雷电的精神，或许我们会脆弱不堪。

责任感和使命感是人对自己身处的环境所赋予的责任和使命的自觉的意识与反应，是生命体中天然的软件，后天一旦被激发，就会成为人自觉行动的不竭动力。而问题在于，如果得不到应有的激发，或不能及时地得到应有的激发，就可能长时间沉寂。很多孩子的无忧无虑的状态，都是责任和使命没有得到家长或学校及时激发的缘故。理论家一直在讨论如何培养人的责任感和使命感，这是一个多少有点搞笑的话题。没有平台，没有机会，没有被赋予，责任感和使命感不能当饭吃，要它何用?所以，你看看那些“懒妈”的孩子，看看那些会调动学生积极性的老师培养出来的学生，就知道现在有那么多人活的连自己都不知道自己是谁的缘故了。

让大学里的“低头族”放下手机，至少有四点理由。

第一，手机的作用与电脑不同，很多工作手机是无法完成的。电脑上能阅读的资料在手机上确实也能找到，这正是很多青年人借口不放下手机的原因。智能手机几乎无所不能，为什么允许那些用电脑工作的人整天趴在电脑旁，却不允许我们“低头族”的存在呢？事实并非如此。一种方式就足以说明这种差异：当我们需要正式地工作时，还是觉得电脑比手机好用。就打字来说，电脑键盘是十个手指一起上，手机只有两个手指，速度也没有电脑快。电脑工作，用的是整段的时间，人们在做的时候，总是容易专一地用心地做。而手机由于其便捷，总是在大量的零碎的时间里使用，这种碎片化的时间运用，虽然在一些内容和形式上填补了电脑工作的不足，但指望用手机能够替代电脑完成专心致志才可能完成的工作，比如大篇幅论文的撰写，大篇幅文章的阅读，显然不大可能。

第二，手机虽然使人们充分地利用了碎片化的时间，但也客观地使原来整段的时间被碎片化了。比如原来同学们可以很好地听课，现在却由于手机的干扰，使整段的课堂变得碎片化了。这样的结果不言自明——听课效果大打折扣。既损害了作为学生应该遵守纪律、尊重老师的良好形象，又浪费了学习的大好时光。还需要说明的是，这种通过碎片化时间从手机上阅读来的一些知识，对于学生的成长——或者说的学术化一点，因为其方法和内容都具有强烈的碎片化特征，不系统、不关联，甚至不够深刻等——基本没有什么大用，大多是茶余饭后的谈资。

第三，手机虽然进入智能时代，其功能大大增加，但其作为工具的价值，特别是用来作为人们联系和沟通的工具的价值依然是主要的。即使是“低头族”，在使用手机时，大量的时间还是用在与人沟通上。手机在方便交流的同时，也让交流失去了温度。关于微信交流我还想多说两句。很多人对于微信交流乐此不疲，享受着彼此间亲密的无话不谈的友情，尤其是可以同时和很多人分别对话，十分方便。殊不知，任何一种虚拟平台的交流，都没有面对面的交流打动人。因为人与人的交流不仅是文字的阅读，更需要声音、表情等的配合，只有这样才能完整表达自己的思想情感。所以，如果不是谈工作，日常的微信交流效果并不好，即使有微信表情的补充也不能改变。尤其重要的是，大学生的生命质量，不是通过这种无足轻重的交流来提升的，而是通过广泛的阅读、安静的思考、深入的探究提升的。所以社会才会要一个人在生命力最旺盛的时候来完成大学阶段的学习。

第四，作为一种具有标志性的生产工具，我们不想否认手机给人们的生活带来的巨大意义，但不能以偏概全，在某种程度上，其带来的危害已经不容忽视。手机对未成年人的影响尤甚，几乎让所有有孩子在学校读书的家长“人人得而诛之”。因为走路玩手机而把孩子弄丢或出意外的事件也时有发生。这些情况，作为文化传承人、时代继承人、未来开拓人的大学生不能不高度重视。

因此，放下手机，应该成为大学“低头族”赶紧要做的事情。快速发展的社会，正需要青年人迈开大步，迎接挑战。毛主席在他那个时代就大声呼吁："一万年太久，只争朝夕！"现在，更是如此，"低头族"咋一点不着急呢？

大学生要成长需要提高自身素质，增加人生阅历，除了读有字书之外还要读无字书，在学校这本无字书就是学生社团！因此，选择一个适合自己的社团十分重要，对于自己的成长也会有所助益。

要想在社团里有所收获，必须自己主动，而不是等待着社团的人来找你，请你发展和进步。要知道社团的人和自己的年龄相差不大，没几个人会像自己的家人那样主动来照顾你。但只要你有需要，就会被关注。要知道社团的负责人都是从普通的成员成长起来的，彼人也，汝人也，彼能是，汝何独不能是？关键是主动！

很多同学认为其实社团里没有什么东西，报了名就没有什么事情了。这种认识值得怀疑。第一，如果真没有什么东西，为什么有那么一些人真的从中获得了成长呢？第二，要是真的没有什么东西，可能也没有那么多人一直待着不走。其实，社团的好犹如大学的好，不会自动呈现，而是需要主动发现！

参加社团的目的在于开阔视野，丰富兴趣，结交朋友，锤炼自身。因此，一个社团是否适合自己首先要看它的活动内容是否丰富且特色鲜明，其次要看它的活动是否具有长期性，再次要看它的指导团队是何人，最后要看它的指导思想是否关注学生成长，是否接地气！

在安徽师范大学，学生德育研究会值得考虑，因为它活动内容丰富，尤其关注学生的成长。

一个人的品质是在丰富多彩的社会实践活动中，通过体验、反思、纠错等自我“加工”的过程逐步形成的，具有鲜明的个性化色彩。因此，学生德育研究会的任务就是为广大会员提供能够形成良好个性品质的平台和机会，而不是简单地复制他人的活动样式。

用心做事至少表现为愿干事、能干事！学生德育研究会的开局不错。但是，开始成功并不算真正成功，坚持才会真胜利！希望将这种良好状态坚持到底！

有人说学生社团是最不值得参加的，因为在这里什么也得不到。其实不然，任何一种得到都与付出紧密关联，即使是在中学，大部分学习内容由老师布置，没有自己的努力付出也会一无所获，在大学里岂能等着别人喂食？由此可见，社团其实是检验懒惰者的试金石。

以学生的视角看德育，以学生的体验享德育，以学生的感悟说德育，以学生的双手做德育，这才是德育的实效性！学生德育研究会就是这样一个社团！没有老师的引导和支持，就没有学生德育研究会；没有同学们的接力拼搏，就没有学生德育研究会的今天！

两天来脑子里还是周六晚上学生德育研究会赭山校区小品赛的场景，同学们为此付出了很多，却没有搞出理想的作品，太遗憾了。尽管从重在参与的角度看也没有什么，本来就是自娱自乐，但它反映出来的东西却没有这么简单，至少观众对小品不太理解，完全陷入为笑而笑的搞怪中显然不合适。

参加社团有学分是管理部门对学生参与社团的一种引导，如果单纯地为了学分而参加社团肯定是将这种美好的初衷给歪曲了。大学只是为大学生提供一个平台，为学生按照自己的设计去实现梦想服务，至于在这个平台上能否实现自己的梦想，一要看自己怎么做，二要看自己怎么看待收获。

学生参加社团不是为了挣学分，而是为了改造自我。社团是大学生通过实践学习改造自我最好的平台，因此大学生必须学会以团结务实创新的态度在社团里工作，否则可能还不如不参加的人。祝同学们收获满满。

新雷锋青年志愿者协会的“你说我写”雷锋故事汇决赛搞得不错，尤其是院党委书记、校团委书记等领导老师牺牲假日冒着严寒到场做评委，令人感动！这也正是这个协会连续三年获得校十佳社团的秘诀！没有领导老师的支持，学生社团的发展是不可能的。

志愿者活动是温暖的行动！大学生志愿者活动是青年大学生通过奉献爱心、表达感情的方式来传送人间真情的行为，是在表达爱的过程中学会爱、培养爱的行为。这是可贵的，但关键是学习而不是奉献。因为大学生自己还需要帮扶，还没有足够的能力和资本向社会输送能量。因此，大学生志愿者活动的原则应该是尽力而为。

反对虚假宣传并不能说明自己的工作就做得比别人好！同行做得好而管宣传的人却没把大家的劳动价值充分展现，这与虚假宣传一样恶劣！虚假的宣传因为不真实而让自己的队员蒙羞，宣传不到位或不准确则会让人误解自己的队员而损害整个组织的声誉。因此，宣传并不只是写文章，还要有高度的责任感！

一个组织的宣传工作关系到组织内部全体人员的工作成果所能体现的实际价值，因此宣传不是随便的新闻发布工作，而是需要字斟句酌的严肃认真的工作！有人抱怨说，干的好不如说的好，以此讽刺那些说的好听其实没有实际行动的假宣传。我们并不赞成这种虚假的行为，但应以此看到宣传的作用，从而学会宣传。

我一直不太理解，为什么学生社团的部门负责人与学生会的一样叫部长，群众性组织的负责人一般都叫理事或常务理事，即使现在的学术性团体也都无不如此。学生说，这样显得有地位有范有派头……总之，咱们不比部长级别低。唉，参加社团的目的终究会在“部长”的头衔中忘记的。

聪明人总是在别人休息的时候还在奔跑。假期，对于聪明人和想变聪明的人来说是一个发生质变的黄金时段，深刻反思和设计未来并为之付出是促成这种质变的良方。

对于正在读书的“运动员”们来说，寒假就意味着比赛暂停，要想在后面的比赛中有更好的表现，既要利用这个宝贵的暂停好好地休息，更要认真听听“教练员”们的建议，然后才好蓄势待发！祝愿各位“运动员”寒假愉快，收获多多！

“教练员”们的一个重要的职责，也是重要的心理素质是守望。在“运动员”成长的过程中，“教练员”不仅要教技术，还要有耐心等待“运动员”的成长。每个人的成长都需要一个漫长的过程，很多“教练员”可能来不及看到自己的“运动员”成熟的那一天。但没有办法，世间许多事都是不尽如人意的。

我们可能一无所获，原因是没有现成的知识摆在那里。这么纷繁芜杂的现实，还要我们来思考和整理，这大热天的，不是更烦吗？

暑期社会实践的最终目的应该是让大学生了解我们的社会，为将来走进社会做准备，因此调查研究可能是最合适的。通过调查了解社会的某个方面，在此基础上加以研究就容易获得深入的认识。而通过参与的方式，比如支教、打工、做义工等了解的可能只是十分有限的点。

暑假是一次自我提高的宝贵时机，是趁别人可能放慢脚步的时候奋力追赶的好时机，可是做什么呢？很简单，问自己缺什么，想要什么，往远些说，问自己想成为什么样的人。既不要着急，也不能懈怠。青年人走自己的路何必找人搀扶？

今天大批的社会实践团队奔赴目的地，我衷心祝愿各个团队的伙伴们在实践学习期间能够用心体验，用力践行，用脑记忆，用感恩的心态付出，用阳光的情怀观察，给自己的一生留下一个可圈可点的印记。

暑期社会实践开始了，同学们因为期待而兴奋。实践的体验应该改变了认识，但会不会提高自己，还不好说。因为改变了原来的认识，现在的认识是否正确还不能确定，对自己获得的新认识适当存疑可能更利于我们接近真理。

大学生的暑期社会实践不是要解决社会问题，而是要通过“听看读写说”解决个人的成长问题。因此，在实践结束后，应该好好地问问自己都有哪些变化，思想的、能力的、情感的、认识的变化都有益于个体成长！这才是社会实践的真正目的。

社会调研的价值不仅在调研本身，更在于在调研过程中的所见所闻所思所想。大学生利用暑假去体验人生，我在为大家高兴的同时更希望看到同学们成熟的样子。

丰富的生活经历使人成熟，但丰富的生活经历不会送上门来，只有自己去体验，去创造，才会真正拥有。同学们参加社会实践，不管是否有别的目的，都会在客观上丰富自己的人生经历。用心做好每一件事，每一件事都值得回忆！

家风调研可能并不会看到百姓家风的全部面貌，但是通过调研，我们学会了与人交流，丢开书本看现实生活，让我们大开眼界。同时，我们的礼貌和阳光也给山区的人民留下了深刻的良好的印象，我们的宣讲至少让人们知道社会的发展和需求。这或许就是双赢吧！

学然后知不足，教然后知困。暑期社会实践是同学们通过看、听"学"的过程，通过支教活动"教"的过程。因此，暑期社会实践不仅仅是奉献，更是获得。一个人只有知道自己的不足才能知道自己努力的方向。因此，在体会过辛苦和快乐之后，该到总结提高的环节了。

嗯，搞得不错！尤其是，这次柳峰村之行，恰逢大雨倾盆，山洪奔腾咆哮，但同学们从容淡定，在山间绿树中穿行。好哦！愉快而难忘的经历！

几天来几乎一打开微博就有无数的消息，同学们为自己鼓劲加油，冒雨进行调查和宣讲，令人感动。对于青年人来说，结果并不重要，关键是经历。从这一点来说，感受过程，拥抱友情，触摸世态，体验生活，应是社会实践最有价值的收获。

一转眼国庆七天假就结束了……这个假期虽然短，但整理自己的思路，查缺补漏却绰绰有余。我们常常把脚踏实地的前进说成一步一个台阶，这很形象，既说明踏实又说明上升。那这个台阶是怎么来的呢？就是利用每一个奋斗的间隙回头思索获得的经验搭建起来的。

有人说只要中国还有过年的民俗，就不用担心几千年的传统文化会消失。这一点我是坚信不疑的。每年的寒假前我都会告诉学生回家要认真地跟父母学习过年的传统民俗。越来越多的外国人感受中国的新年，不仅因为我们强大了，关键是过年好啊！

过年的好处在于人们如此集中地将一年的劳动成果拿出来与人分享，如此安心地让自己放松一下，如此准确地在亲友的交流中找到自己的位置，如此坦然地面对自己的成长足迹，如此快乐地享受人间真情，尤其重要的是如此自觉地传承民族文化。

过年最令人烦恼的事情是什么？

送礼！

首先是给谁送，其次是送什么，最后是怎么送，让人很是伤脑筋！

然节日送礼物，是中华民族的传统，无可非议。中国人讲究礼尚往来，礼轻情意重。

节日终于结束了，这是本年度最后一个让所有人都疯狂的大节。人们都说老师的日子好过，因为假期多。当然，如果没有活干，又不愁吃穿，谁会不快乐呢？问题是，老师并不是在所有节日都清闲，有时甚至一点不比上课的日子轻松。

正月十五，月光皎洁，让人浮想联翩，这仿佛是2017的句号，更是2018的开始。无论喜怒哀乐，都已经成为历史。生活和工作即将开始新的征程。即使有很多不好为人道的人世沧桑，染白了满头青丝，也依旧愿意坚守如初。因为你当初的选择就是一种承诺，一种对于自己的价值追求负责到底的承诺。既然选择了远方，便只顾风雨兼程。曾经读这一句诗，只是觉得壮美，如今真的知道它的分量了。借此元宵节，将此句送给即将继续远征的自己，也愿意作为礼物，送给愿意相伴的您。愿一切安好，一帆风顺。

语五 成熟与智慧

按语：成长是一个过程，是与人的一生相伴的漫漫旅程。成熟则是成长过程中阶段性的结果。人们在不同方面的成熟又会促进人的不断进步和成长，人就是在成长和成熟的相互依存、相互促进、相互成就的关系中不断进步的。

人的成熟不会一蹴而就，总是在实践—认识—再实践—再认识……循环往复，螺旋式上升中，逐步地前进。而成熟的产生，离不开反思。一个人成熟的程度是由他对自己反思的深度决定的。这种反思可以是自我批评，也可以是回顾总结，是对过去的经历认真思考的过程。

事实上，人的成熟因智慧而生，又与智慧相伴。一个成熟的人，一定是一个充满智慧的人。没有智慧，成熟可能就是“夹生饭”；没有智慧，成熟往往又与“老奸巨猾”相联系。

因此，人生充满智慧，智慧的人生值得所有读书人不懈追求。

即使是孙悟空那样的神仙在遇到困难的时候也需要找观音菩萨帮忙，何况没有神通的人呢？因此，在现实的生活中善于寻求帮助应是人生的大智慧，只有那种过河拆桥、忘恩负义之人才不可饶恕。当然，那种只想闷着头一个人独闯天下的行为也不值得提倡。“君子性非异也，善假于物也。”

就一个人而言，生理、心理、思想和行为的成熟是不同步的，不同的人也只是在规律的意义上大致同步。由此可见，现实世界多姿多彩的人生其实是人们参差不齐的成长使然。所以你不必嘲笑后来人的稚嫩，因为你的前面也有很多人；也不必自卑不如人，因为你的后面还有很多人。

人的成熟至少涉及生理、心理、思想、行为四个方面。这四个方面是不同步的，生成的路径也不同。生理的成熟是自然的、本能的，心理的成熟往往是一半靠天生一半靠养成，思想和行为的成熟则需要现实生活的历练。可见要想成熟必先从思想、行为的艰苦历练开始。

就个性而言，成熟不是特立独行，而是融个性于共性之中，理解且接受社会化习俗甚至见之于行动，但从不因此而失去自我。就行为而言，成熟不是圆滑世故，而是细致全面，做人温暖可信，做事周到可靠。

被人欣赏不仅需要付出艰苦的努力，有时还需要付出代价。因为人们是不能接受美好的事物有杂质的。而事实是没有人能够成为没有杂质的人。因此，这代价就很清楚了：真欣赏你的人理解你，不欣赏你的人无所谓，假欣赏你的人说你虚伪，嫉妒你的人借此诋毁你。

如果你的内心是阴暗的，全世界都是光明你也看不见；如果你的内心是光明的，即使全世界是黑暗的，也挡不住你的光明。人生的价值在于改变世界，改变世界者必先修养自身，修养的关键在于洗濯自己可能受污染的灵魂。因为，非有光明的灵魂者不能担当改造世界的重任。

我是一个普通的老百姓，我得到的并不是贫穷、无助和绝望，相反，勤奋使我得到了我想得到和能得到的东西。如今这样的人比比皆是。客观地看待社会存在的问题不仅是一种智慧，更是一种人生境界。

就人生来说，什么才最让人感动？坚持！这也是所有感动中国的故事给人们的启示。从表面上看，让我们流泪的有无私的奉献、有执着的追求……可如果没有坚持，所有的故事就不过是你我身边常有的不同主人翁的偶然人生而已，哪能感动中国？

是骡子是马拉出来遛遛，是说看上去很相似的事物，到底谁更有实力，只要在实践中一试就知道了。因此，无论什么时候都不必抱怨自己没有用武之地，首先找个地方让自己知道自己是骡子还是马，比如做学生干部、社团理事、创业经理等，然后再为自己设计未来。

有一种无知是我们常常不自觉的，那就是对他人或事物一知半解就自以为认识了很多甚至是全部，更可悲的是可能还敢毫无顾忌地妄加评论。不这样做不是我们年轻人的个性！可这样做，恰恰又增添了让人鄙视我们的砝码！谦虚使人进步，骄傲使人落后，其意深远也！

这个世界不是缺少温暖，而是缺少善于感知温暖的人。正如我们说爱一个人很容易，能够让被爱的人懂却很难。并非表达得不好，再好的表达也要有人懂啊！正是在这个意义上，人们情感复杂地高呼："理解万岁！"也正是因为担心自己的温暖被误解，或有过不愉快的记忆，人们宁愿明哲保身也不愿意轻易释放温暖。

能够很容易感知温暖的人是有着美好德性的人，也是幸福的人。因为他对人要求不多，而且能够理解他人对自己的付出，而不像一些人得到很多却从不满足，还可能牢骚满腹，到处发泄自己的不满。其实这些人不是欲壑难填，而是缺少感知温暖的德性，对别人的要求很多，理解很少。

个人英雄主义在战场上可能导致个人的牺牲。虽死犹荣，尽管显得有些傻。但在一个集体中，这种德行所表现出的行为，却因否定他人的作用而招人厌恶。从事实看，从没有一个人可以单凭一己之力成就一件事。因此，个人英雄主义不过是自我表现的变种，是虚荣心的外露，是无视他人存在的恶劣行径。

一个害怕批评的人其实是拒绝成长的人。批评并不是一种简单的否定，它是对自己的选择提出的警醒。这种警醒显然是对个人认知判断不足的有益补充。拒绝这种有益的成长资源所失去的，要超过自己成长过程中的任何一种失去。

人生需要经历多少次磨难才会历练成钢？没有人能知道。因为对不同的人来说，生活的境遇决定了他们不同的抗打击的承受度。有的人脆如枯树，一碰就断；有的人韧若柳丝，能屈能伸。所以，如果可能，让自己吃点苦头不是坏事。

人生的奋斗有时就像打牌，有的人牌技很好却摸了一手烂牌，有的人牌技一般却摸了一手好牌。这就是人生的运气。古人说，时也，运也，命也。此言极是。

影响人“命”的无外乎内因和外因两个方面。个人的努力可以改变自己的状况，可以改变自己的内在素养，为自己能够成为所希望成为的人做准备。我们所不能改变的往往是环境中的人为因素，说你行你就行不行也行，说不行就不行行也不行。

应不应该相信命？冥冥之中有没有一种“命”在左右着我们？很多人不相信命，而相信通过自己的努力就可以获得自己想要的结果，跟命没有关系。真是如此吗？努力就能够去做航天员吗？努力就能够成为心中向往的人吗？不一定，太不一定了。相信命或许就会让自己快乐地面对现实，不相信往往一生郁闷而不得解。

有时候，我们努力并不一定会有收获，这样的结果让人唏嘘不已。说多了，人家会说你是唯心主义；不说，搞不懂这到底是为什么。

说了，就搞懂了？

不是，说了，希望听者能给一个答案。

其实有没有答案并不重要。古往今来，这样的事情举不胜举。所以古人有“时也，运也，命也”的感叹和告诫。今天我们都知道，机会只给有准备的头脑。再好的运气来临，没有准备也是白搭。因此，说到底努力奋斗才是真理，等待和指望运气来临才是真的唯心主义。

如果我们把所有影响我们的人都当成导演，那么，儿时父母是导演，入学后老师是导演，工作后领导是导演。这样看来太可怕了，在一定程度上也不那么符合事实。如果生活中真有我所说的“导演”，他一定是左右着你前途和命运的那个人，是“说你行你就行不行也行”的那个人。

人的成熟是一个不断改变自己的过程。这种改变不是对不成熟的内容简单的放弃，而是不断地完善。假如原来的不成熟是一幢房子，那么这种改变就仿佛是将原来的房子装潢得更加好看实用。所以改变自己并不可怕，可怕的是不愿意改变自己，以为现在的自己就是最好的。

从自然人到社会人，人们会在成长的过程中自觉或不自觉地改造自我，从自然的动物性逐步改造成具有社会化基因的社会人。只有社会人，才是真正的人。一些总是以自我为中心的想法和做法，如果不是因为家庭的过度宠爱遗留下来的“胎记”，就是充满孩子气的无知，必然在社会化的过程中使自己被边缘化，从而客观上使自己与周围的世界相隔离，甚至相对立。一些人会在实践中逐步改变，一些人至死可能都不知道错在哪里。

具体来说，现在的一些青年人，包括大学生，自称“宅男”“宅女”，不愿意主动与社会接触，不愿意融入社会，生活在自己的世界里，自得其乐，稍遇挫折就不能承受，甚至寻死觅活，根本原因在于还不清楚自己是作为社会人的存在还是作为动物人的存在。社会是以自己的标准认识和定位个体存在的应然状态的，即当你二十岁，你应该像一个成人一样思维和生活，而不是还像孩子一样不知轻重、不识人情、不懂世事。

应然状态和实然状态的这种差距，应是一个人自我改造、自我成长的内在动力，而不是自我放弃的理由，更不能为了这种短视的非社会化的实然状态与社会对立。一个真爱自己的人，应该是努力拼搏的人，砥砺前行的人，乐于与人相处的人。

社会并不残酷，它只是像水一样，按照自身的特性自然地流动。它关注的和带动的，一定是绝大多数。如果非要说它残酷，它的残酷性就在于不等待你成长！

一个物件怎样才能体现自身价值？很简单，被人需要。但人的价值的体现还不仅如此，因为人是主客体统一的存在物。可能正因为如此，我们在被需要的时候也存在自身的需要，只有这两者协调统一才会让我们感到自己的价值实现了。

我们常常看到一些人在很年轻的时候就有所作为，后来的大有作为几乎是势不可当。为什么？能够在喧闹的尘世中保持一颗安静的心是关键。问问自己，我可以做到吗？心不能安静又能做成什么事呢？所有真正有梦想的人都应该安静下来！

有一种悲哀是许多人都没有意识到的。真要说起来的时候，人们说：对头，这毛病不能犯。但一般情况下，都是身在其中并不自觉。这悲哀是啥？哦，说了半天没点题，就是用自己的尺度衡量所有的人和事，所以才会和孩子交流时尽讲大人话，和下属交流时只讲领导话，自己做小人时断定天下无君子，自己身处黑暗时认为天下无光明。

人们常常有意无意地把自己作为认识他人的尺度，比如自己喜欢足球就不大理解不喜欢足球的人，自己不生病就觉得患病匪夷所思，一直学习优秀就觉得成绩一般令人不能忍受。如果教师如此，学生的悲哀由此奠定基础。

我相信顿悟。因为某件事情或某个人的语言的刺激使自己幡然醒悟，意识到自己作为一个独立的人存在于人群之中，意识到自己肩上的责任和义务，从此不再有孩子气，开始逐步走向成熟，这就是顿悟。我们甚至可以毫不夸张地说，顿悟是一个人能够进行自我教育的标志。

突然感到做人很不容易。做个低调的人，别人说你闷；做个高调的人，别人说你傲；做个中间派吧，别人说你滑。把自己收起来，别人说你深；把自己亮出来，别人说你吹。说自己的体验，别人说你矫情；说别人的好话，别人说你溜须。课讲多了，别人说，嗨，就那一套，没有什么新意；课上少了，别人说，没本事不要上啊！

什么叫思想成熟?

说实话，最多有一个相对的答案，就是相比较而言，针对某一个问题，有一个认识是比较接近真理的，这个思想可能就是比较成熟的。

但是，客观来说，没有人天生就有一个成熟的思想认识，任何一个认识都非历经磨难不能得。即使不是自己的直接经验，也是别人的直接经验。而对于一个人来说，某种认识只有经过自己的实践，才能在自己的认识世界生根，开花，结果。

比如家庭教育。什么样的家庭教育才是正确的?一次听一个朋友说，在管理工作会议上，专业很强的各个部门在谈本部门工作的时候，没有人说什么。可教育部门的人一谈到教育，突然变得人人都能说几句，甚至是大街上的清运工，闲暇时放下扫帚，也能对教育发表一番宏论。你还不能说他错，因为他可以拿他自己怎么养育孩子作为典型个案，并告诉你，孩子的教育应该如何，不应该如何。

我们从事教育工作的人，是否懂得教育呢?如果是懂得教育的，为什么教师的孩子并不都是他们想象和希望的那么优秀呢?

如果我没有记错的话，我曾经说过，人的成熟程度是由他反思的深度决定的。现在想来，这话还没有说全，单有反思是不够的，还应有与反思相对应的行动，不仅思考，而且行动。否则，最多可能只停留在“说”上面。

抱怨和难过都不会让我们实现梦想，只有自强不息才会带我们走向远方!

去做一件事，把它做成这样的状态：因为你来做了，从此人们知道这件事原来可以做得这样好。

如果人生没有目标，或许这可以作为一个有价值的参考。

人不能只是观众，但要懂得欣赏。

为什么有时候简单的事情变得复杂？如果这个事情经过的环节多，它就不得不复杂，因为每一个环节都有一定的程序要走。刷存在感就足以让每一件事本身经历风雨雷电般的锤炼。

客观上来说，每一件事都是立体的，作为一个立体的存在，它的每一个面都可能存在不足。因此，当每一个环节经过每一个面的时候，就难免会被发现各种问题，而且这种问题有可能是事情本身的，也有可能是环节自带的。比如，今天某件事要经过一个中间环节的审核，本来可能就是从这个环节过一遍，基本没有问题，但是今天控制这个环节的人情绪不好，突然发现人活着没有意思，因此他在这个事情经过的时候故意使了权力，哦，我得负责任啊，不能这么简单地敷衍哦，你先搁我这里，我再冷静地学习一下。好了，这件事就暂且搁在这里了。本来可能也就是情绪不好，但办事的人解读一下可能又复杂了，是不是想要点啥？送点礼物吧，给点润笔费吧，看看，这社会，这江湖，人心不古啊，黑的透彻啊……

唉，想办事只是第一步，办成事才是本事。事本身不难，难在事所涉及的人不简单。

理性面对个人得失，既是一种德性，也是一种智慧。因为得和失是相对的，平衡的。得到的越多，一定会在相应的方面失去的也越多。比如，学习成绩越好，休闲娱乐的时间一定越少。因此，那种因为得到而兴奋得忘乎所以的人，一定不懂得得失的辩证关系。

那些因为一点成绩就向单位要荣誉和机会的人，那种因为一点优势就向弱势群体示威的人，都会在行为过程中以另一种方式失去。德性、良心、威信等，这些看起来无形的内容，却会直接地在现实中被表现出来。

因此，得之不喜，失之不忧，才是大智慧。

我们并不相信宿命，所以总努力奋斗，与命运抗争。但有时，我们不得不用宿命来抚平自己的伤痕。

有的人命好，因为一直懂得奋斗；有的人命不好，因为在应该奋斗的时候无所作为。

你的注意力的方向决定你未来的方向。

古人说，书中自有黄金屋，书中自有颜如玉。这要求青年人将注意力放在书上，这样“黄金屋”和“颜如玉”都会在这个方向的追求中顺带解决。

我们也常常看到那些永远解决不了经济问题的小商贩，他们的注意力放在每天挣的钱上面。当然，这是非常自然的事情。你一定买过菜，一定在饭店付过钱，那些紧紧盯着钱的商家，一分钱都要计较半天。结果是，下一次，你都不愿意再跟这样的人打交道。也就是说，如果他们在意顾客，把注意力放在顾客是否回头上面，回头客自然多。而那些注意力放在钱上，一点利也不愿意让的人，自然没有什么回头客。

同样的道理，我们可以看透很多人的得失成败。因此，调整自己的注意力方向，就是调整自己的人生格局。未来的路，就是从此开始的。

学历是人们用来说明一个人学习程度的符号。社会通过学历来招聘，只是为了方便，无可非议。但是，用学历来说明自己的水平，恐怕不妥。因为，面对生活这把尺子，学历就不算什么了。君不见现实生活中有多少并无多高学历的人照样活得很滋润。

因此，可以说，重要的不是学历的高低，而是生活能力的强弱。一个连生活尚不能自理的人，学历再高也不值得炫耀。

如果你走进一个村庄，一群狗站在你的附近朝你狂吠，你会怎么做呢？有的人会大摇大摆地走自己的路；有的人会蹲下身子吓唬一下狗；还有的人会停下来与狗理论一番，直到狗都不叫为止；更有甚者，要跟狗一较高下。

事实上，在现实生活中，我们的身边并不缺少朝我们狂吠的“狗”，他们并不会得到什么好处，但让你恶心和心烦或许就是他们的目的。我们采取什么态度将影响我们自己的生活质量。

小的时候总喜欢走亲戚。一是，亲戚家总会弄点好吃的以满足自己的口舌之欲。二是，也是最重要的原因，亲戚家没有人管自己的学习，没有人会批评自己，而且稍微表现好一点就会赢得表扬，很能满足自己的虚荣心。三是，自己家里总不免有些不和谐的事情，而亲戚家总是和谐得很。四是，离开亲戚家的时候多少总有些获得，不是带点吃的，就是能得点零花钱，而这钱是不需要上交的。

长大以后渐渐知道了，中国人的这种走亲戚心理主要源于贫穷和无知。因为贫穷，便多少有了自卑，别人总比我们好也有了心理基础。因为无知，总会觉得人家什么都好，我们这也不行那也不行，媚外之情溢于言表。

那种“别的国家什么都比我们好”的观点，其实不过是这种走亲戚心理的延伸。

在上海虹桥火车站乘车前到候车大厅内的自动售货机买水，投入四元，没有反应。用撤回手柄，吐回来两元。再投入两元，没有反应。再使用手柄，吐回来一元。再投入一元，没有反应。再使用手柄，没有反应。摁想买的水，没有反应。莫名其妙地丢了四块钱，心里不爽，于是给售货机上面的号码打电话，结果没有人接听。

其实，四块钱不是大钱，就这么丢了，自认倒霉也就过去了。而问题在于，上海这个现代化水平很高的城市，在细节方面做得其实也是很不尽如人意的。说明什么？

说明我们的社会文明建设，大的宏观的方面是做到了，但细节方面还问题成堆。而这恰恰是人们在今天拥有较好的生活条件的情况下，依然有牢骚有不满的根源所在。大的抓住了，小的放弃了，硬的抓住了，软的放弃了。普通人总是从小的方面感受社会，从软环境中体验社会。而这些方面的问题常常不能引起管理者的注意。也正是因为这些方面的缺憾减弱了人们对整体大环境的正向体验。结果是，领导们以为自己做了很多了，却没有人领情。群众则纳闷，你做什么了？我们怎么就没有感觉到？

一个人，只会跟他人说“不”，不算什么本事，敢于和善于跟自己说“不”，才是真正的英雄！

每个人都有一些不良生活习惯，可能是抽烟、喝酒、熬夜等，也有可能是不爱学习、爱占便宜、怕苦怕累……谁敢于和善于跟这些内容说“不”，谁就会改变自己，成为真正的英雄！

感性，有两个层面的理解人们是熟知的。

一是从字面意思理解，是说人们认识世界的方法主要是靠感觉，存在就是被感知，我相信我所看到的，看到的就是真相等，主要是指人的感性在人们认识和把握世界过程中的价值。现实生活中，我们常把习惯于以自己的感觉对事物进行判断的人称为“很感性的人”。这种称谓含有否定的意蕴，说明人们对于单纯采用感性进行判断的方法是不太赞成的。

二是从哲学思维的视角理解，感性是跟理性对应的概念，感性只是人们认识世界的方法和路径之一。感性和理性相结合才是比较全面的认识世界的方法和路径。

我要说的是，我们对于感性的理解可能并不全面，或者说，我们对于感性本身可能还缺乏理性的认识。比如，我们在警匪片中常会看到“神探们”通过自己的第六感抓到了犯罪嫌疑人。第六感的感性应该怎么认识?

再者，人们注意到生活中真的有天才，人与人是那样的不同。比如有的人一目十行；有的人，比如我自己，就只能一个字一个字地阅读。这些先天的东西给人带来的表象，常常就是感性表现出来的内容，我们该怎么理解?

还有，有的人天生就喜欢分享，有的人却从不乐意将自己的东西分给他人。有的人天生就有大局意识，有的人却从来就是心胸狭窄。在人的性格中，我们既要看到后天养成的部分，也不得不承认先天的遗传基因。因此，我们思考精神和品质，可能就要想到，在人的精神世界里，天然的部分不可忽视。

人们的想象和期望常常在无奈的现实面前被击得粉碎。因此，与其梦想着可能的未来，不如抓紧真实的现在。最靠得住的是自己不懈的努力，稍纵即逝的时光经不起每一个意外，要想计划赶上变化，最好的办法是一有时间就赶紧做，而不是等时间到了再说。

一般情况下人们都希望别人的经验拿来就能用，否则就认为别人的是别人的，我的是我的，对别人的经验不感兴趣。其实将别人的经验不加转化生搬硬套地拿来也不会就真有用。别人的经验对于我们的用处在于拓展视野，从而激发思维。

让对手成为敌人，这是愚蠢的。让对手甚至是敌人成为朋友，这才是智慧的。这种观点能否成为现实姑且不论，这种处理人际矛盾的努力方向却是值得推崇的。化敌为友，化干戈为玉帛，说的都是这个道理。其实人生何其短暂，冤冤相报何时了？

人们对“一朝天子一朝臣”的解读常为一个负责人来了就要用自己的人来做帮手。其实是没本事的人常通过撤换和拉帮结派等手段来用自己人，有本事的人则以自己的德行让现有的人成为“自己人”。前者一到鸡飞狗跳，后者一来阳光普照。

如果你想知道领导对某项工作是否重视，你就看他让什么人来做这项工作的负责人。如果重视，自然会让一个德才兼备的人来负责；如果无所谓，就会让一个无所谓的人来负责。在有能力有德行的人的带领下，工作会顺利推进。而无所谓的人，这项工作当然不出所料地无所谓了！

有两种拾荒者你有没有见过？一是在他人那里捡拾牙慧的拾荒者。作者可能早就忘了自己写的是什么了，这些拾荒者却整天在那故纸堆里翻来翻去，并作为标准对今天的生活指指点点。你要是不听，就说你没有文化，没有读过书；你要是听了，自己也不知道有什么用。二是在现实的世界里收拾被荒芜的思想领地者。这类拾荒者捡拾的是本不该被荒芜的东西。因此，那些被捡起来的依然是鲜活的，与现实世界紧密相连的思想。我们每个人都有丰富的现实生活，本应成为内涵丰富的思想者，但并不是每个人都乐意或能够转身捡拾本属于自己的思想。所以，这类拾荒者是我们难得的友人。

青年人乐于旅游，看外面的世界多精彩；老年人喜欢回忆，说美好的记忆多快乐！旅游需要轻松和简单，而老年人常常是累赘；回忆需要安静和心情，而青年人总是坐不住。因此，若老年人没成累赘，人们说他老当益壮；若青年人能坐得住，人们会表扬他虽然年轻却成熟稳重。

老人的痛苦不在于孩子给不了自己多少东西，甚至不在于孩子不能陪伴左右，而在于内心的孤独。老人的孤独在于鲜活的过往无人分享，在于沉睡的历史无人倾听，在于真理的呐喊无人应答，在于现实的困难无人帮助。每个人都会有痛苦，老人的痛苦却各不同。

如果想有所作为，必须在实际工作中超越个人功利。不能否认对功利的追求有时具有刺激人们努力工作的作用，但那只能是让人努力工作，而不能让人发自内心地把工作当作终身追求的事业。只有将工作和事业合二为一，人才能热爱工作，才能真正有所作为。

大学学习的主动性境界有四个。第一，知道自己想要什么，能自己制订计划为实现目标努力。第二，能根据自己的实际情况及时调整自己的目标，修正具体计划并执行。第三，能够在无人督促的情况下坚持到底。第四，善于调动一切积极因素为实现目标提供应有的帮助。

“躺着也中枪”这话说得真形象。生活中有不少人从不想争名夺利，只想好好干活，简单生活。但事实并没有这么简单，只要你躺的不是地方，照样不得安宁。因为你的存在挡着别人前进的路了，因为你努力工作让不努力的人露了原型，因为你不争显得争的人没有素质……总之，让你无处可躺。

自由是什么呢？至少有两种理解路径。一是本能的理解路径，就是想干什么就干什么，婴儿就有这个表现，不让他做自己不能做的事，他就会用哭喊来抗议，直到满足他为止。二是理性的理解路径，或是因为理性的思考，或是因为经验使然，总之是比较自觉地意识到自由是有条件的，绝对的自由并不存在。也因此我们可以在社会上看到两类人。一类是保持本能的人，他们爱怎么干就怎么干，总是让理性的人们觉得不可理喻。另一类是总是比较规矩的人，让随意的人们笑为书呆子，觉得不可理解。两者在社会生活中几乎截然不同的态度，描绘出人生生动的图景。

灰尘总是落在最低处。这样的自然现象对我们的思考有一定的启示：我们越是把自己扔在社会的最底层，被灰尘污染得就越严重，我们去除灰尘的念头就越强烈。

那么，社会生活的灰尘是什么呢？

我以为就是那些污染自己思想和灵魂的东西，有的表现为物质的，如那些为了实现自己的目的送出的红包和贵重礼品；有的表现为精神的，如各种难以拒绝倾听的对社会现实的不实评价。

当人们的视线被类似的灰尘遮住的时候，眼前的黑暗就在所难免了。如果不想办法抖落这些灰尘，就只有被灰尘埋没了。

在我看来，一个人的层次不是由自己的职业决定的，而是由自己的精神追求决定的，身居高位未必精神崇高，职业平凡未必精神贫困。有人说过，壁立千仞，无欲则刚。我欲崇高，则崇高自与我同在！听起来就很带劲儿！

造福，知福，守福，是人生幸福的三个支点！

支点不是条件，条件可以有，也可以没有，但支点不能没有。没有条件，可以创造条件；没有支点，就会大厦将倾，何来幸福可言？

一个人，不会造福，只会享受父母给的幸福，迟早会享受完，完了之后呢？所以人最根本的能力是能为造福而储备。良好的学习品质是能够造福的核心品质。大学阶段是一个人培养或完善学习品质最关键的阶段，培养学习品质也是一个人在大学阶段的主要任务，所以专业本身并不重要，重要的是能以所学专业为载体为养成良好的学习品质服务。

一个人，不知福，即使身在福中，也没有幸福感，哪里会有幸福？

一个人，不能守福，即使有幸福，也不会长久。

追梦者的幸福非拥有过人的智慧与非凡的意志者不能享有。这种智慧的过人之处在于，不但能判别前进方向的正误，更能将自身的条件与追求的方向完美地契合。这种意志呈现为内在品质的坚定和执着，外在行为的勇气与信心。人们熟知的百折不挠、从不言弃的品质总是与追梦者相伴左右。

孩子的幸福在于有亲人的陪伴与呵护，青年的幸福在于有爱人的欣赏和依偎，中年人的幸福在于事业的成就和家庭的美满，老年人的幸福在于儿孙绕膝的天伦之乐。在生命的不同时期，人们对幸福的感觉各有不同。

人的幸福有很多种，累也是其中的一种。平时工作累对于有的人来说就是一种幸福，能工作说明可以承担责任，有能力养活自己和家人，这种满足可以带来幸福感。假日旅游或与亲朋一起狂欢，对于大部分人来说都会很累，但这种累是一种释放，身体的累被精神的满足感湮没，体验的就是满满的幸福感！

世间万事皆有人担当，可没有一件事是可以由不成熟者成功承担的。这就是人们为何要经受磨难的秘密。为什么要成熟，不成熟不行吗？如果你甘愿平庸，乐意碌碌无为，被人鄙视也无动于衷就可以不成熟。

人生如何才是幸福的，不同的人有不同的回答。很多人都以为能够拥有和享受才是幸福的。可就短暂的人生来说，这种拥有和享受更短暂。因此，这种幸福可能只是一种感觉。真正的幸福可能还需要加入体验的成分，这样才能让幸福更加长远。追梦者的幸福可能就如此。

多想休息啊！想告别一天的疲劳……只有上课的时候才能把一堆的烦恼忘掉，一走出教室，就会想到，还有很多事需要认真思考：报告、比赛、上课……一个都不能少。真是大人有大事，小人有小事啊。

怎样才是最幸福的？被需要。所以，每每能够为学生做点事情，我总是很高兴，很幸福。常常想，或许此生一无所成，但活着的时候，曾经有一些人关注过自己，需要过自己，或者倒过来说，自己活着能够让一些人高兴，这可能要比那种出了一大堆文字却只能自我欣赏的人要多点幸福。如此足矣。

每个周三的晚上在中校区有课，学生都会接送我，一路上边走边交流。这是不是幸福？其实，幸福可能不是用来享受的，而是为了回忆。人们常常是在幸福中并无感觉，只有在回忆的时候才深感曾经是那样的幸福。所以，身在福中不知福，是常有的事情。但我好像是知道享福的人，上课是快乐的，还有人陪着聊天，幸福。

办完公积金回来，在公交车上看到了一些十分有趣的移动广告，忍不住在车上就笑。我常常在心里感激那些给我带来快乐的人，寂寞时就去和他们交流，领会他们对生活的诠释。除了感动，还是感动。总在心里告诉自己，也要用自己的方式去感动身边的人。这样活着多有意思啊

下课了，天也下雨了。站在教学楼的门口，犹豫了一下，还是走进了雨中。一把伞撑在了头顶的天空……感动！徒弟温暖的笑湮没了雨中的所有……我常常这样被学生的温暖的问候和关注感动，并在这样的感动中感受着幸福，感受着所有的不同。前进，前进，向前进……

为什么我总感到幸福，因为我有太多的牵挂。尽管我不认为牵挂的人多么离不开我，但我认为他们在成长的岁月里有我的陪伴一定会多一份温暖，多一份安宁。

这种牵挂，可能就是一声问候，一条信息，并没有特别的形式和内

容，但是，存在本身就是一种价值。

在我的心里，你的存在就是你对我的价值，我的价值也在这问候和牵挂中体现。

无论我是否还在这世间，但你还记得我，我就活着。

孔子以及千百万中华民族志士仁人，无不以这样的方式永远留在人类文明的历史长河里。

幸福，不单是一份甜美的感受，还必须是一份简单的拥有。有人疼爱，有人呵护，还有人惦记。即使是放纵，也还有人能够宽容。难过的时候有人给自己慰藉，快乐时有人分享。这样才会有真实的可感的幸福。

幸福的人生大同小异，不幸的人生各有各的方向。有的人因不幸而沉沦，引来人们怜悯的目光。有的人因不幸而奋起，坚强地与不幸抗争，写就人生悲壮的华章，赢得人们广泛的赞誉。从结果看，人生的不幸铸就不同的人生。

有的人总是羡慕那些工作不知疲倦的人，他们怎么不知道累呢？很多人都会有职业倦怠，觉得总是重复同样的工作有什么意思呢？其实答案很简单，只要想想孩子们玩游戏时的那种投入和忘我，就可以知道了。只要是真的爱自己的工作，就永远不会疲倦。有机会体验工作中的快乐和幸福的人生才是最有价值的人生。

一个人要了解自己适合做什么，做自己能力所及的事情，而不要做那些只是内心羡慕其实能力不能及的事情。职业的选择也应如此。在有限的生命里不自我损耗，就是幸福。

一个人有什么才能有两个路径可以说明。一是正在做的事是否能胜任，这可以在实践中检验。二是自己内心的职业梦想是否能实现。如果梦想的也是正在做的，真的是幸福者，其才能一定可以在自己的岗位上得到发挥。如果没能从事梦想的职业，也不要难过，不管怎么说，有口饭吃就挺好。世界这么大，人人都能找到自己梦想中的职业确实不容易，能正视现实，好好生活，也会有美好降临。

人们常将知识的拥有当作有才的标志，其实不然，知识只是有才的基础，有知识而不能运用以改造社会和自己，这知识是一点用也没有的。所以，“才”从来都跟“能”紧密联系。

这个世界上最痛苦的人不是情感的失落者，而是那些读了一肚子书而误以为自己怀才的人，尤其痛苦的是，他们一痛苦就去读更多的书。结果可想而知，即使将自己埋在书里也不会得到社会的赏识。因此，欲使自己有真才，读书之时必不能忘锤炼自己改造自我与世界之能！

怀才不遇的原因或有很多，但有两点需要正视。一是自我感觉好，其实没有什么才。对此当客观地分析自己，提高自己，做真正有才之人。二是自己太有杀伤力，如果用你，可能挡了他人的路，影响了他人的声誉。对此当时时提醒自己，低调做人。

怎样的人生才是最值得我们追求的人生？人们常常羡慕别人的人生，甚至以一些人为自己的目标苦苦地追寻。达到了，欣慰；没有达到，遗憾：整个过程往往把现实的自我给忘了。事实证明这样的人生并不幸福。或许，我们可以和别人比高度，但不必与别人比速度。

善于批评的人能够根据对象的差异、场合的不同选择恰当的批评方法，有时会用委婉的话提醒，有时会用类比进行劝导，有时会直接点明症结所在，有时还会用很尖锐的语言……当然，要想这些方法能够达到效果，前提条件是这个被批评者既能听懂弦外之音，还能懂得良药苦口利于病。

批评的方式有多种，讲究的人会注意运用恰当的方法照顾被批评者的接受度，不讲究的人只看重一点——批评你是为你好！所以后者可能即使不受欢迎也不气馁，饱受怀疑也不放弃。

有人批评之所以是一件幸福的事情是因为，如果不在乎你，谁会管你长成什么样呢？这个世界首先是父母和老师在乎自己怎么长或长成什么样，其次是朋友们。听不进批评的话，一有不同就不乐意的逃避意识是意欲成长者的大敌。

有人愿意批评自己，对于一个愿意成长的人来说是一件幸福的事情，批评犹如园丁手中的剪刀，能够及时将自己的个性品质或言行举止中一些不好的“闲枝散杈”给“剪除”，从而促进自我健康成长。然而，由于人们很在意剪刀拿在谁的手上，用什么样的方式来“剪除”自己的不足，以至于谁都不敢轻易当园丁。

后　记

在探索思想政治教育工作的道路上，我先后尝试过很多方式。其中，与学生建立正常的沟通渠道，是我一直在坚持做的。经过较长时间的探索和整合，在安徽师范大学这片思想政治教育的沃土上，长出了一棵叫“丙辉漫谈”的树。这棵树一直向上生长。学生各不相同的需要，仿佛这棵树上的枝杈，不同的问题犹如一片片色彩斑斓的树叶。直到今天，拥有三十年树龄的“丙辉漫谈”已经枝繁叶茂。是该整理的时候了，好让它在今后的成长中更加繁盛，更好地为青年大学生的成长助力。

整理是一项复杂的工作。一方面，庆幸自己一直保留了大部分的信息，为整理提供了条件；而另一方面，在这浩繁的信息中删繁就简，也确实很伤神。过去的工作中，由于缺少整理归纳的意识，这次整理着实让我和我的学生费了一番心力：一是将我在微博和网页上的言论全部整理出来，二是将我多年前给学生的回信收录成电子文稿，三是将以上整理的内容归纳出大致类别，再次进行比较细致的归类。这才有了现在的成果。

整理的过程，也是学习的过程；阅读的过程，也是成长的过程。我和我的弟子们一起成长，一起反思和总结，感受成长的快乐。

在此向所有为本套丛书付出辛苦劳动的人表示真挚的感谢！

由于整理得比较仓促，也限于自己的水平，其中的一些言论或会贻笑大方，敬请捧腹，万勿私下生气。

路丙辉

二〇二二年一月三十日